整·合·運·用

差異化教學 和

重理解的課程設計

Integrating Differentiated Instruction & Understanding by Design
Connecting Content and Kids

Carol Ann Tomlinson & Jay McTighe —— 著

侯秋玲 —— 譯

Carol Ann Tomlinson and Jay McTighe

Integrating

& Differentiated Instruction

Understanding *by* Design

Connecting Content and Kids

目次

AUTHORS
作者簡介

Carol Ann Tomlinson

Carol Ann Tomlinson 的教育生涯始於公立學校系統，在 21 年的光陰裡，她擔任過班級教師和教育行政人員。在那段時間，她教過高中、幼兒園和國中學生，教學科目有英語暨語文藝術、歷史和德語。她也擔任過資優學生和學習困難學生的課程指導員，以及學校與社區關係的協調師。在擔任維吉尼亞州福基爾郡（Fauquier）公立學校教師時，她獲得幾個重要獎項，包含：Warrenton 國中傑出教師、美國青年會（Jaycees）傑出年輕教育家、美國退伍軍人協會（American Legion）傑出教育家，以及國際職業婦女會（Soroptimist）教育領域傑出女性。1974 年，她被提名為維吉尼亞州年度傑出教師。

Carol 目前是維吉尼亞大學柯里教育學院（Curry School of Education）威廉·克萊·派瑞許二世（William Clay Parrish, Jr.）講座教授，以及教育領導、基礎研究暨政策學系教授，同時也是維吉尼亞大學學術多樣性研究所（Institutes on Academic Diversity）的共同主持人。她跟許多大學生和研究生共事，特別專精在課程與差異化教學領域。2004 年，她被提名為柯里教育學院傑出教授，並且在 2008 年獲頒全校教學卓越獎（All-University Teaching Award）。2019 年，《教育週刊》（*Education*

Week）的教育學者公眾影響力排名，在美國 200 位形塑教育對話方面最具影響力的高等教育專家學者中，Carol 名列第 8 位。

Carol 的著作超過 250 種以上，有個人著作書籍、與他人合著書籍的篇章專文、各類論文文章和其他教育題材，包含為美國教育視導與課程發展協會（ASCD）寫的：《能力混合班級的差異化教學》（*How to Differentiate Instruction in Mixed-Ability Classrooms*）；《差異化的教室：回應所有學習者的需求》（*The Differentiated Classroom: Responding to the Needs of All Learners*, 2nd ed.）；《實現差異化教學的承諾：回應式教學的策略與工具》（*Fulfilling the Promise of the Differentiated Classroom: Strategies and Tools for Responsive Teaching*）；《因材施教的學校：教與學的革命性改變》（*The Differentiated School: Making Revolutionary Changes in Teaching and Learning*，與 Kay Brimijoin 和 Lane Narvaez 合著）；《領導和管理差異化的教室》（*Leading and Managing a Differentiated Classroom*，與 Marcia Imbeau 合著）；《領導差異化教學：培育教師，以培育學生》（*Leading for Differentiation: Growing Teachers Who Grow Kids*，與 Michael Murphy 合著）。她在 ASCD 出版的書，已經翻譯成 13 種語言版本。

Carol 經常在美國及世界各地與教育者合作，一起追求並創造出能夠更有效回應多元學生學習需求的教室。她的聯絡地址是：Curry School of Education, P.O. Box 400277, Charlottesville, VA 22904，或者也可透過電子信箱：cat3y@virginia.edu，或網站：www.differentiationcentral.com 與她聯絡。

Jay McTighe

Jay McTighe 擁有充實多元的教育生涯，從中發展出一身豐富的經驗。他目前是馬里蘭州評量協會（Maryland Assessment Consortium）主任，該協會是州立的學區合作組織，共同發展和分享形成性實作評量做法。在此職位之前，他參與馬里蘭州教育廳的學校改進計畫，負責指導教學架構（Instructional Framework），發展出一個教學多媒體資料庫。Jay 廣為人知的是他在思考技能方面的研究，曾經統籌全州各學區協力發展教學策略、課程模式和評量程序，以促進學生思考品質的提升。除了州層級的工作以外，他也做過學區層級的工作，在馬里蘭州的喬治王子郡（Prince George's County）擔任班級教師、教學資源專家和計畫主持人，也曾擔任州立資優學生教育中心主任，負責指導暑期住宿式充實課程計畫。

Jay 是很有成就的作家，曾與其他人合作出版十本著作，其中最有名的暢銷書就是和 Grant Wiggins 合著的「重理解的課程設計」（UbD）系列。他寫了超過三十篇以上的文章和專書篇章，並且發表在重要期刊，包括《教育領導》（Educational Leadership）（ASCD 發行）和《發展者》（The Developer）〔全國教師發展協會（National Staff Development Council）發行〕。

Jay 在教師專業發展方面有非常豐富的專業背景，經常在全國、各州和學區的研討會及工作坊擔任講師，曾經在美國四十七個州、加拿大七個省和五大洲的十八個國家演講。

Jay 在威廉瑪麗學院（College of William and Mary）取得學士學位，在馬里蘭大學取得碩士學位，並且在約翰霍普金斯大學完成碩士後研究課程。他曾透過華盛頓特區的教育領導研究所（Institute for Educational Leadership），

整合運用差異化教學和重理解的課程設計

獲選參加「教育政策獎學金課程」（The Educational Policy Fellowship Program），並且擔任全國評量論壇（National Assessment Forum）的會員，這是由幾個教育和民權組織組成的聯盟，致力於改革全國、各州和地方的評量政策與實務做法。他的聯絡方式為：6581 River Run, Columbia, MD 21044-6066，電子信箱：jmctigh@aol.com，網站：http://jaymctighe.com。

TRANSLATOR
譯者簡介

侯秋玲

臺灣大學外文系學士，彰化師範大學特殊教育碩士（主修資優教育），臺灣師範大學教育博士（主修課程與教學）。

現任臺灣小學語文教育學會理事，為拓展語文教學之可能性而努力。曾任臺灣師範大學教育專業發展中心博士後研究員，負責國中小補救教學師資培育計畫，關注弱勢者教育和各種學生的學習，期望有朝一日，臺灣能真正實現差異化教學的願景。也曾任毛毛蟲兒童哲學基金會執行長，喜歡跟孩子一同探索「思考」和「學習」的各種可能性。

另外也翻譯童書繪本、親子教養書和課程教學資源書，如《核心問題：開啟學生理解之門》、《領導差異化教學：培育教師，以培育學生》、《整合運用差異化教學和重理解的課程設計》、《為深度學習而教：促進學生創造意義的思考工具》（以上為心理出版社出版）、《分享書，談科學：用兒童文學探索科學概念》（華騰文化出版）、《無畏的領導，堅定的愛》（遠流出版公司出版），在朗智思維科技公司編寫過《聊書與人生》、《聊書學語文》、《聊書學文學》、《文學圈之理論與實務》。未來，應該會繼續譯寫更多好書。

FOREWORD

譯者序

從 2016 年《核心問題：開啟學生理解之門》翻譯出版至今，已歷經九刷，確實引起不少教育工作者閱讀、討論和反思我們的課程與教學，而在十二年國教課程綱要核心素養導向宣導的推波助瀾下，「核心問題的設計」也成為許多研習場合的熱門主題，透過 Google 大神，你可以找到許多大同小異的講義簡報資料，也可以看到不少現場教師運用重理解的課程設計（UbD）模板寫出來的教案和核心問題。以譯者的角度來看這些現象，好像我們當初所期許的「讓核心問題成為帶動下一代課程與教學革新之泉源」，有那麼一點「美夢成真」的感覺。

在此熱潮當中，我也收到一些學校和教師專業成長團體的邀請，跟他們一起探討核心問題設計與運用。在不同成員與場合的討論之中，我漸漸看到了兩個亟需深入探究與處理解決的問題，第一個問題是：**教師若沒有真實了解「重理解的課程設計」的理念、原則與設計過程，如何設計與運用核心問題？**特別是不少老師都習慣以教科書單一一課課文為出發點來思考課程與教學，希望他們改以「學科領域核心重要的理解和技能」為目標來進行設計，就會燒壞不少人的腦袋……但想要學生理解的大概念沒有找出來，怎麼可能轉化成核心問題呢？另一個麻煩是有些老師混淆了「閱讀理解（reading comprehension）的四層次問題」跟「為理解而教（teaching for understanding）的核

心問題」的範疇，甚至誤以為閱讀理解較高層次的問題就是核心問題……，但核心問題所要開啟的學生理解（understanding），其意涵與面向其實比閱讀理解來得更廣闊也更深入。

重理解的課程設計或為理解而教的目標，在於引領學生去探究和學習各個學科領域非常重要、可遷移應用到跨領域、跨校內外生活情境的大概念和過程技能，而有些老師似乎在判斷與決定 UbD 第一階段的設計重點時已經產生誤解，只以單課課文的內容精熟和能夠回答考試題目為目標是非常不足以教出面向未來的學生的。秉持著這種宏大深遠的教育理念，UbD 的第二和第三階段談的是學生學習理解證據的收集與解析，真實情境應用的實作表現任務設計搭配對準目標的評量規準，以及有效組織運用核心問題、多元學習素材、各種教學和評量活動的原則。UbD 是以這樣三階段的設計過程來指引老師發展出優質的課程計畫，老師對此若欠缺背景理解認識，可能只會把核心問題設計與運用得如同一般的教學提問問題，只用在檢核學生是否知道正確標準答案，而非用來啟動學生探究思辨學習的力量，啟發學生建構、達致大概念的理解。

第二個問題是：**有了較為理想的 UbD 單元課程計畫之後，如何確保各類不同的學生都能吸收、消化優質課程設計帶來的學習經驗，促進所有學生的理解與成長？**過去幾年，我一直在臺灣師範大學執行國中小補救教學／學習扶助師資增能培訓計畫，有許多進入課堂觀察教學的機會，深知「美好的計畫趕不上學生的變化」，老師一旦未能掌握或錯估學生的學習情況和可能反應，又執著於原先的課程教學設計時，就會在每個教學活動出現落差之時不知如何回應，小者直接講述帶過，大者慌亂迷失目標，總之就是毀了原有的美好課程計畫，令人慨歎「白費功夫」——但課程設計的思考明明是非常重要的！這些現場教學的觀察，指引計畫團隊開始關注差異化教學（DI）的理念內涵和實踐方法，也在進階培訓課程中提供一些導論型的概念架構和

入門的教學做法，希望老師們能多了解學生的準備度、興趣和學習風格，進而在內容、過程、成果和情意環境上做差異化處理，讓美好的課程計畫一路走到教學實施和成果評量都同樣美好。

在此過程中，我接觸到了 Carol Ann Tomlinson 教授的著作，每每在閱讀當中感受到大師以平實又帶美感的語言道出關懷照顧所有學生的教育力量，而這樣的寫作語言跟《重理解的課程設計》兩位大師的理性論述語言（弦外之音：不夠平易近人）有頗大的差異。某些用心精進的老師反映想透過《重理解的課程設計》以了解核心問題的設計原理有閱讀上的困難，讓我開始尋找較為友善的參考工具書。幸運的，我找到了這本書，運用更加平易近人的語言來解釋說明「重理解的課程設計」和「差異化教學」的理念與原則，還進一步談如何整合運用這兩個深受各國教育人士重視的課程與教學模式，並且有具體的舉例和示範，能夠為我所察覺到的兩個問題提出解答與思考方向，相信也能啟發許多用心精進、關懷所有學生學習的老師，往整合運用 UbD 和 DI 的方向前進。

再次感謝心理出版社的成全，讓我再度圓了翻譯大師著作的夢。本書原作雖然出版於 2006 年，但其歷久彌新的人本教育意義、足以指引當前課程設計與教學實踐的價值，請您好好品嘗。

侯秋玲 謹誌

PREFACE

前言

　　本書的兩位作者在超過三十年的教育專業生涯當中，各自以各自的方式持續研究和實踐這本書裡提及的種種想法。我們獨特的個性、經驗、才能和喜好，引領我們不斷思考教與學之間各種不同但互補的面向。我們倆都覺得教室對我們有莫大的吸引力，我們都曾經是教室裡的老師，也擔任過教育行政人員，也都是老師們的老師，我們的專業之路帶領我們走向不同但高度互補與重疊的方向。當然，我們都不是獨自走過這些路，我們各自受到心靈導師的栽培，也有專業夥伴協助我們拓展知能，還有不少比我們有遠見或跟我們持不同意見的有識之士對我們提出諸多挑戰。

　　過去約九年以來，因為個人的特殊經驗和探究熱情，我們各自進行著教育研究工作——這些工作也持續回饋、助燃我們的熱情。這些研究工作具體可見的成果證據，隨著 ASCD 引導我們出版了一系列給教育工作者的書籍、影片、線上課程、網站和其他工具而逐步出現，也就是我們現在所謂的「重理解的課程設計」（Understanding by Design, UbD）和「差異化教學」（Differentiated instruction, DI）。

　　我們認識彼此——也從彼此的研究相互學習，而且，我們持續做著忙人會做的事，非常勤奮的朝著我們覺得能夠強化、提升工作的方向前進。

大約四年前，ASCD 的 Sally Chapman，為我們兩個人和 Grant Wiggins（也就是 McTighe 的 UbD 合作夥伴）安排了一次晚餐的聚會。晚餐的目的是要討論一本書或某種計畫的構想，希望能夠把逆向設計和差異化教學這兩大主題的研究成果連結起來。晚餐很愉快，我們看到了連結這兩個模式的合理邏輯，然後我們就回到各自忙碌的生活和耗費心力的日常行程當中。

一年之後又有了另外一次的晚餐——同樣是奉 Chapman 之命。我們再一次被她說服，她的邏輯理由很充分完備，而且，明確的連結兩個模式對整個教育領域會有很大的幫助。畢竟，重理解的課程設計和差異化教學代表著課程和教學的兩大元素——是教室課堂拼圖的兩半。晚餐愉快極了，我們很真誠的想要合作，但回家以後，我們再一次迷失在手邊忙碌的工作中，遺忘了我們的合作意圖。

Chapman 不是輕言放棄的人，所以她嘗試用另一種方式促成我們的合作。在一次 ASCD 的年度研討會當中，她安排 McTighe、Wiggins 和 Tomlinson 共同出席，探討 UbD 和 DI 之間的連結關係。這種工作坊的方式具體又無法逃避，它需要我們付諸行動。

參與這次研討會的人，立刻就有了正面肯定的回應，他們告訴我們：「這是我們一直在尋找、期待的東西。」而且，相較於我們準備提供給他們的內容，他們想要更多。

Chapman 不想冒險等待未來又錯過機會，所以在後續 ASCD 研討會中，她安排了第二次的共同研討場次。結合 ASCD 的同事 Leslie Kiernan 和 Ann Cunningham-Morris，她開始規劃 UbD 和 DI 長期合作的計畫（有時被稱為 UbDI 計畫）。

一場連結、整合 UbD 和 DI 的 ASCD 暑期研討會即將舉辦。ASCD 的兩個專業發展團隊，原本各自在美國各地和世界各國分享這兩大研究主題的成果與想法，如今聚在 ASCD，相互學習這兩個模式，形塑即將來臨的特別研

討會──而且這最終會發展成不只一次的研討會。Chapman 和 Kiernan 還用心的預訂了一個房間，讓 Tomlinson 和 McTighe 可以一整天不受打擾的討論、勾勒出一本書的基本架構，詳細的說明 UbD 和 DI 之間的連結關係。

接下來的故事發展是可以預測的，而且也呈現在後面的書頁裡了。只不過它並沒有進展得如想像般那麼順利。從第一次晚餐到這本書出版的漫長時間裡，我們這些 UbD 和 DI 的工作團隊人員一直受到鼓舞，有這麼多人對於整合這兩大教育模式的做法如此感興趣，教育實務工作者不斷向我們提出如何連結整合運用 UbD 和 DI，以及 UbD 和 DI 在當前教育環境中的角色與功能等等的問題，這些問題對我們的工作很有幫助。我們的合作夥伴也持續不斷的推進和調整修改我們的思考，而且，因為這個「安排撮合」我們的想法的計畫，我們真的受益匪淺。

我們的工作是我們的信念展現出來的具體證據：優質的課程和教學是教育的基石（它們一直都是），也是發展、培養有思考能力與自我實現的人類的方法和途徑。此外，為了讓年輕學子覺得課程生動有趣，**專精的**（skillful）教學是不可或缺的；為了讓課程對不同學業能力的學生產生作用，**彈性的**（flexible）教學也是必須的。重理解的課程設計反映的是我們對於課程最專業的理解；差異化教學反映的是我們對於專精和彈性的教學最專業的理解。如果教室裡的教師能持續不斷的問這些核心問題：「我要如何認識我的學生並了解他們的需求？」、「關於這個課程主題，我的學生需要學習的最重要和最持久的大概念和理解是什麼？」、「我如何能夠確保我的每一個學生都盡可能有效率、有效能的學習？」、「我要怎麼知道我的學生是否已經學會了最重要的事物？」那麼高品質的學習應該是必然的結果。就像專家說的：「當前學生人口越來越多元、差異性越來越大，要滿足教室裡所有學生的學習需求，是一個令人生畏的巨大挑戰。老師們如果真的想要有機會實際達成這個目標，就需要健全完善的課程和彈性靈活的教學。」

（Kameenui, Carnine, Dixon, Simmons, & Coyne, 2002, p. 27）

　　UbD 和 DI 之間的連結關係真的就是這麼明白直接。特別是對於在教學實踐過程中，願意持續精進、發展必要知能的教師，這兩個模式結合起來，可以指引這些教師的專業成長之路，讓他們能夠更完整的回答前段所列的那些核心問題。接下來在本書裡，我們會檢視這兩個模式底下的基礎理念，並且說明兩個模式的理念邏輯如何交互作用，以幫助教室裡的教師能為當今學校裡各式各樣的學生提供豐富、效果持久又有意義的課程。

　　我們很感激持續和我們一起工作的夥伴、對我們的所作所為感興趣的人，以及那些挑戰質疑我們想法的人。我們相信，對於我們，以及閱讀這本書的讀者而言，這本書正是大夥兒往共同方向前進的一步。

致謝

謹此對我們的同事表達感謝與尊敬之意：

- ASCD 重理解的課程設計核心團隊：John Brown、Marcella Emberger、Judith Hilton、Everett Kline、Ken O'Connor、Elizabeth Rossini-Rutherford、Elliott Seif、Janie Smith、Joyce Tatum、Grant Wiggins 和 Allison Zmuda。
- ASCD 差異化教學核心團隊：Karen Austin、Vera Blake、Kay Brimijoin、Deb Burns、Marcia Imbeau、Yvette Jackson、Sara Lampe、Carol O'Connor、Sandra Page、Judy Rex 和 Nanci Smith。

感謝你們的夥伴情誼、對品質的堅持，以及為我們共同的工作帶來洞見與喜悅的能力。

1

UbD 和 DI：
不可或缺的夥伴關係

結合這兩個模式的邏輯是什麼？

這兩個模式的大概念是什麼？它們實際運作起來是什麼樣子？

在美國和世界各國，重理解的課程設計（Understanding by Design, UbD）和差異化教學（Differentiated Instruction, DI）都是當前許多教育對話討論的主題。大家之所以對這兩個課程與教學模式有如此高的興趣，一部分當然是因為它們具有理論邏輯和實務運用的吸引力。

這些年來，條目繁瑣的學科課程內容標準以及伴隨而來的「高利害風險」（high-stakes）績效責任考試，讓許多教育者備受困擾，感覺教與學被重新導向到可能把老師和學生都搞得筋疲力盡的方向。教育者需要一個模式，一方面肯定認同課程標準的核心必要性，另一方面也能展現如何從學科課程內容標準引發和架構出重要的意義與理解，好讓年輕學子能夠發展心智的力量，同時也累積知識的基礎。對許多教育者來說，重理解的課程設計滿足了這樣的需求。

同時，老師們也發現，越來越難以忽略教室裡學生的多元差異，包含：文化、種族、語言、經濟、性別、經驗、成就動機、身心障礙、資優能力、個人興趣、學習偏好、擁有或缺乏成人支持系統等等，學生帶到學校的差異多到令人震驚，這些僅是其中的一些因素而已。老師若是只給他們的學生「上菜服務」一種課程——就算是一流優質的課程——卻沒考慮

到學生多元不同的學習需求，通常的結果是沒有幾個老師會覺得他們的教學工作有效或令人滿意。對許多教育者而言，差異化教學提供了一個好架構，在規劃教學時納入學生的多元差異此一關鍵要素，來處理和滿足學生的多元學習需求。

整合這兩個模式，似乎有助於教育者面對和處理當前最巨大的兩項挑戰——在課程標準主宰的時代，設計強而有力的課程，並且確保各式各樣的學生在課業學習上都能成功。這樣的整合工作必然會讓許多人覺得高興，但這本書的目的，是想要把教育對話的焦點從「直覺兩者很適配」的感覺，推往更紮實的探討：為什麼這兩個模式在今日的教室裡可能產生重大的影響——以及為什麼這兩個模式攜手合作的夥伴關係不僅是合理的，更是必要的，無論老師們是在何種教育情境努力設法幫助每位學生發展其最大能力。

懷抱著這個目的，我們首先會直接明白的解釋為什麼這兩個模式在教室裡應該結合起來，然後我們會提供一組一組的公理（axioms）和推論（corollaries），來示範說明這兩個模式之間的重要連結關係。（書末附錄提供了支持重理解的課程設計和差異化教學的重要理論與研究。）

結合 UbD 和 DI 的邏輯

重理解的課程設計和差異化教學不僅彼此相輔相成，而且事實上，也互相「需要」，理由很簡單明瞭。

在有效教學的教室裡，老師會持續關注至少四個要素：他們教的是誰（學生）；他們在哪裡教（學習環境）；他們教的是什麼（內容）；以及他們如何教（教學）。如果忽略了其中任何一個要素，並且停止投資精力在這些要素上的話，他們整個教學工作的結構就會受損，學生學習的品質也

整合運用差異化教學和重理解的課程設計

會削減。

「重理解的課程設計」的焦點放在我們教的是什麼，以及我們需要收集什麼樣的評量證據，它的**首要**目標是描述說明和指引教學者如何好好應用課程設計的合理原則。它同時也強調我們如何教，特別是如何「為學生理解而教」（teaching for student understanding）的方式。當然，這個模式也論及老師需要規劃教學好讓所有學生成功學習，但它解說得最全面徹底的是「什麼」和「如何」這兩個要素。換言之，重理解的課程設計主要是（雖然並不只是）一個課程設計的模式。

「差異化教學」的焦點放在我們教的是誰、我們在哪裡教，以及我們如何教，它的**首要**目標是確保老師們關注教學的過程與程序，以保障各種不同的學生都能有效學習。當然，合理有效的差異化教學模式絕對**必須**論及如何差異化處理優質課程的重要議題，不過，差異化教學主要是（雖然並不只是）一個教學設計的模式。

如果我們手中掌握了世界上最優質精緻的課程，但它卻未能顧及學習障礙學生、資賦優異學生、英語（或官方語言）能力有限的學生、欠缺經濟支持的學生、閱讀困難的學生以及所有其他的學生，那麼這個課程就不可能達到它承諾會達到的效果。

相反的，如果我們是最能嫻熟有效的運用彈性分組、興趣本位教學、回應式環境以及一大堆的教學策略，好讓我們能關照到學生多元差異的教師，但卻是在欠缺強而有力的課程架構下使用這些方法，我們的課堂教學就無法提供學生未來需要的概念想法和技能，讓他們能在這個世界走出他們自己的路。

簡單來說，優質教室的核心是對每一位學生都有用的知識力量，亦即，教室裡需要優質的課程和優質的教學。植基於我們目前對於教與學的最佳認識與了解，UbD 和 DI 聯合起來，提供了整體架構、相關工具和指

導原則來發展優質的課程與教學。

　　這兩個模式是依據目前對於教與學的最佳認識與了解所發展出來的，而且它們不只相容更是互補，隨著本書的進展，這兩個特點會越來越明顯。在開啟探討之始，先分享一些「公理」和「推論」來說明這兩個模式之間交互作用的方式，相信是有幫助的。「公理」指的是重理解的課程設計的基本原理原則；「推論」則是示範差異化教學如何運用這些原理原則來確保每個學生都有成功學習的機會管道和支持資源。結合起來，這些公理和推論說明了 UbD 和 DI 可以如何攜手合作以達成共同目標的方式。針對每一組的公理和推論，我們會提供一則簡短的課堂場景描述來說明結合 UbD 和 DI 的邏輯和理由。

〉〉 公理一

　　優質課程設計的首要目標是發展與深化學生的理解。

公理一之推論

- 發展與深化學生理解的課程，對所有的學生都有好處，而且所有學生都有權利擁有這樣的課程。
- 考量學生在能力、經驗、機會、語言、興趣和成人支持等方面的多元差異，他們成長的速度會有所不同，因此需要多元不同的支持系統來發展與深化他們的理解。

課堂場景

　　葉士禮老師設計課程是依據他所教的學科領域以及所屬學區的課程內容標準反映的核心知識、理解和技能。現在，他美國歷史課程的學生正在

研讀美國憲法規範下美國公民的權利與義務之間的關係，他希望所有學生探索這個持久性的概念理解：民主國家會平衡國內公民的權利與義務。他也希望所有學生探究這個核心問題：「美國憲法規範的權利與義務，對比我生活周遭其他團體成員的權利與義務，有何相同或不同之處？」

葉士禮老師班上的 32 位學生當中，三位學生有嚴重的學習障礙，影響他們的閱讀和寫作能力；四位學生非常嫻熟美國歷史的相關知識；有幾位學生很難集中注意力，其中一些學生被鑑定出有學習問題，另一些並沒有正式的鑑定結果；有兩位學生需要學習英語。有些學生一直很喜歡歷史，也有些學生以前覺得歷史很無聊、跟他們沒有關係。在他的班上，學生的興趣和學習偏好的範疇也呈現頗大的差異。

葉士禮老師開始進行美國憲法單元，心裡有兩大目標：第一，他已經設計好一些學習任務和評量方式，目的是要所有學生理解憲法的基本原則，並且將這些原則連結到他們的生活和經驗。第二，他正在規劃教學計畫，運用不同的學習素材、時間進度表、學生分組和學生表達呈現的方式，以確保每位學生都擁有充分獲得支持的機會來發展與擴增預定的理解和技能目標。

》 公理二

學生理解的證據，會在學生應用（遷移）知識到真實情境的時候展現出來。

公理二之推論

- 這種真實的應用會展現出學生在知識、理解和技能方面各有不同程度的熟練度和專精程度。

● 最有效能的老師會運用學生熟練度差異的證據，來提供學習機會與支持協助，確保每位學生都能從他們目前的熟練度、興趣和學習偏好的位置，持續發展與深化知識、理解和技能。

課堂場景

葉士禮老師要求學生為某個團體（家庭、團隊、班級、社團等等）研擬一份章程，放入有關這個團體成員的權利與義務的顯性和隱性指標。學生呈現的方式，是直接比較、對照他們的權利義務章程與美國憲法裡的相關概念，並提出理由說明他們的章程在權利與義務的處理上為什麼至少跟美國憲法一樣有效。

為了顧及班上學生的差異，學生可以選擇他們自己感興趣的團體來研擬這份章程；為了照顧到學生在閱讀熟練度上的差異，葉老師會和學校的多媒體專業教師一起合作，提供多種閱讀程度的參考資源書籍和其他的學習素材，包括預先加入書籤的網站。學生可以選擇自己獨立研擬章程，或是跟一位對此團體同樣感興趣的夥伴一起合作設計。葉老師同時也會提供簡短的迷你課（minisessions），講解章程設計的各種面向和反省思考的過程，給想要獲得額外支持和指導的學生。

》》 公理三

按照逆向設計（backward design）原則所做的有效課程發展（在第三章會說明，本書也將持續探討），有助於避免因為欠缺清楚的優先順序和目的而產生的「教科書照本宣科」和「活動取向教學」這兩個孿生問題。

公理三之推論

- 清楚反映出學科內容的目的和優先順序的教學，對**所有**學生都有好處，而且所有學生都應該接受這樣的教學。
- 學習困難的學生需要將注意力焦點放在一個單元裡真正核心重要的知識、理解和技能上，以確保他們的付出和努力能以最高效、最強有力、可靠的方式推動他們往前邁進。
- 資賦優異的學生需要學習挑戰，植基於學科領域核心本質的挑戰，這樣他們的時間才會運用得有價值，他們的優勢能力才會朝向學科專業知能持續前進與發展。

課堂場景

　　葉士禮老師班上的活動、討論和評量，是設計來確保所有學生都專注在這個單元的持久知識、理解和技能。他也運用核心知識、理解和技能作為差異化教學的重點，讓學習困難學生和資賦優異學生都有所學習。

　　班上有學習困難和先備知識技能落後的學生依然會專注在這個單元的持久理解和技能上，葉老師會安排機會跟學生一起練習他們所欠缺的技能，並經常要求他們應用這些技能在他們的評量任務上。針對這些學生當中的某些人，他可能會強調前幾學年的重要基礎技能和知識，而不是現在這個單元裡「還不錯但並非必要知道」的知識和技能。然而，不管他針對這些學生做了什麼調整，在教學計畫裡，他們的學習重點仍然持續放在這個單元的持久理解和技能上。

　　當葉老師收集到某些學生已經達成精熟本單元目標的證據時，他會重新改造家庭作業、意義建構活動和關鍵評量方式，以提供適當的挑戰，並且讓這些學生選擇追求自己感興趣的學習。這些改變同樣也會讓這些學生

持續聚焦在這個單元的持久理解——只是，其複雜專精度會比其他學生目前適合的程度高出許多。

》 公理四

依據設計標準定期的檢視課程和評量設計，能夠監控設計的品質和告知教師需要做何調整。定期檢視「結果」（也就是學生成就情形）之後，接著應該進行需要的課程與教學調整。

公理四之推論

- 這些檢視的結果必然會顯現學生之間在核心知識、理解和技能上的差異性。
- 結果本位的課程與教學調整，應該以個別學生和全班學生為目標。
- 結果本位的調整需要彈性運用時間、教師的注意力、學習素材、學生分組和其他的教室元素，才能確保學生理解的持續發展與深化。

課堂場景

葉士禮老師會給學生做學前評量，來決定他們進入這個單元的學習起始點，同時也調查他們對這個單元相關的興趣是什麼。當他看到某些學生已經展現出對這個單元的持久理解有頗深入的了解，他會運用這個評量結果來思考如何提供這些學生其他的學習路徑。同樣的，當學前評量結果顯示某些學生的先備技能和理解有落差時，他會規劃小組教學的時段和一些替代的作業任務來滿足這些學習需求。

隨著單元的進行，葉老師運用形成性或持續性評量來觀察和記錄學生的學習進展，並且針對在某些領域需要進行額外教學和探索的學生，以及

整合運用差異化教學和重理解的課程設計

已經完成目標可以往前邁進的學生，繼續發展小組和個人的學習計畫。

　　這個星期，葉老師把全班學生分為三組。大約三分之一的課堂時間裡，他跟全班學生一起比較不同的公民團體對於美國憲法第一修正案（First Amendment）相關權利與義務的觀點；另外三分之一的時間分配給學生選定一個公民團體的立場，針對第二修正案（Second Amendment）相關權利與義務的平衡，研擬口頭或書面回應；最後三分之一的課堂時間，他安排了小組教學，根據學生在這個單元的學前評量結果和先前關鍵評量任務的表現，判斷學生研究和寫作能力的需要來進行分組學習。

　　在這個星期的直接教學時段裡，他對全班學生提出想法和呈現資訊，示範說明如何運用重要的技能，並且讓學生以小組和全班的形式思考討論這個單元的核心問題當中的一個問題。在學生思考建構意義的時間裡，他跟有特殊需求的學生進行小組討論，在學生當中移動巡視、仔細觀察和筆記記錄他們的學習和工作狀況，並且給予相關的輔導建議。

》》 公理五

　　教師提供許多機會讓學生去探索、詮釋、應用、轉換觀點、同理和自我評量。這六個面向提供了六個概念透鏡（conceptual lenses），用以評量學生的理解。

公理五之推論

- 所有的學生都應該在老師的指導與支持下運用精細複雜的方式思考。
- 一般以為，學習困難的學生在投入思考之前必須先精熟基礎知識，這是**不對**的。相反的，研究證據清楚的顯示，對大多數學生來說，

精熟和理解是透過與各種想法進行有意義的互動過程當中逐漸掌握的，而不是先精熟知識之後再來追求理解。

- 不過，在某個時間點，學生思考和理解的複雜成熟度會有所不同。
- 教師應該有所預備，提供學生各種機會與支持協助，以持續發展他們成為思考者的理解與能力。

課堂場景

現在這一節課，學生們正在檢視當前各種不同團體的觀點是如何看待第二修正案底下美國公民的權利與義務。葉士禮老師提供所有的學生三個核心問題來引導他們思考這個議題，學生可以選擇一種他們感興趣的「選民團體」（例如：執法警官、獵人、社區守望相助團體、槍械製造商），依其立場觀點來進行研究。

在字詞彙方面有需要協助的學生會拿到一張關鍵字詞清單，列出基本核心的字詞彙及其清楚的解釋。在收集資料方面需要架構的學生會有一張特別設計的組織圖，幫助他們分類找到的想法。葉老師也為不同難度的學習素材資源命名，學生可以選擇「平地」、「丘陵」和「高山」級別的素材，學生已經習慣了這樣的命名（雖然這些名稱有時候會因為選項的數量和描述它們的文字而有一些不同），而且通常會選擇適合他們自己的素材。當學生出現選擇失當的時候，葉老師會個別輔導他們，陪他們分析自己的選擇。

在這節課的結尾，學生會分成四人一組，其中至少會有三個成員各自代表不同的立場觀點，一起來討論這個議題。小組會收到指引他們進行小組討論的問題，接著他們會在自己的學習筆記上寫下個人對問題的回應，思考和探討不同的人們對於像槍械管制這樣的議題會有什麼樣不同的觀點，以及為什麼會有如此大的差異。學習筆記上的記錄提供了形成性評量

整合運用差異化教學和重理解的課程設計

的資料，在這個單元持續進行的時候，可以指引老師教學規劃的方向。

》公理六

「更聰明有效的工作」並運用科技和其他工具媒介一起合作設計、分享和評論學習單元，能夠讓教師、學生和學區都受益。

公理六之推論

- 老師們若能彼此分享關於學生學習需求、教室常規和教學方法的理解，以確保每個學生能夠盡其所能的發展知識、理解和技能，那麼學生也會跟著受益。
- 在學生學業能力有多元差異的教室裡，老師必須經常、定期與差異化教學專家協同合作，這些專家擁有關於學生需求和最能有效回應這些需求的教學方法的專業知識，可給予老師支持協助。
- 科技應該被充分運用來處理、滿足學生不同的學習需求，以及幫助老師追蹤、了解學生朝課程目標前進的成長情形。

課堂場景

葉士禮老師跟同部門的同事總是一起設計課程，並且定期聚會檢視課程的有效性，提出未來課程調整的建議和分享教學資源。他們也會討論如何進行回應式課堂教學的相關議題，老師們發現彼此不同的觀點和經驗可相互補足，而且幾乎每次都會產出對課程與教學很有價值的建議。在這些聚會裡，特別重要的是差異化教學專家教師的出席，他們會提供如何依據學生的多元需求來差異化處理課程單元計畫的建議——例如，需要到處走走動一動才能學習的學生、需要閱讀協助的學生、需要進階挑戰學習的學

生等等。過去一段時間以來，這些特教資源教師已經幫助他們的同事發展出完整的一套教學策略，例如：放聲思考、配對閱讀（paired reading）、學習契約、濃縮課程、專家小組，以及探索和表達想法的多元形式。

》》 公理七

UbD 是一種思考方式，不是一種固定的程序。教學者心中的目標是促進學生更好的理解，並依此目標來調整、改變 UbD 所提供的方法、工具和材料。

公理七之推論

- 差異化教學是一種思考方式，不是一個方程式或食譜。教學者心中的目標是讓所有各類型的學生都能夠盡最大的可能學習知識、理解和技能，並依此目標來提取、應用和調整改變 DI 所提供的方法及工具。
- 有效的差異化教學能夠引導教學者有效的思考他們教的是誰、在哪裡教，以及如何教，以確保他們的教學內容能夠提供每個學生最大的學習力量。

課堂場景

葉士禮老師視自己為學習者，指引他專業成長的是課程設計和回應式教學的原則，但他也了解這些原則是指導方針，而非框架束縛。他意識到自己也像他的學生一樣，需要對這些指導原則的目的有更清楚的認識與了解，不過，透過每一輪課程單元的教學和每一回跟學生的相遇，他對這些原則的理解將會繼續深化。他持續不斷的問自己：「對我的學生來說，運

整合運用差異化教學和重理解的課程設計

用與個人有關、真實的、帶給他們學習力量的方式來理解這個單元主題，這代表什麼意思？」以及「我要做些什麼來確保我的學生受到充分的支持協助，在理解這個單元主題時，他們的成長速度才有可能是最快的，進步也會是最大的？」

任何領域的專業人士都有兩個明顯的特徵：（1）他們會依據界定該領域的最新知識來行動；（2）他們會以客戶為中心，調整改變以滿足不同個人的需求。隨著本書的進展，我們希望你會越來越清楚看到「重理解的課程設計」的角色功能是確保教學者能夠界定、找出形塑每個學科領域的基本核心知識、技能和持久理解，並以這些目標為依據來進行教學；也希望你會看到「差異化教學」的角色功能是確定每位學習者都能夠擁有最大最多的機會，從具有這些基本核心知識、技能和持久理解的優質課程經驗當中獲得最有幫助的學習──並且在這樣做的過程中，看到這兩個模式互補互惠的角色功能。

2

教學裡真正重要的是什麼？
（學生）

學生的生活會如何影響他們的課堂學習經驗？

回應式教學為什麼很重要？

回應式教學的起點是什麼？

在教學的核心，它是一種藝術，一種要求教學實務工作者必須同時運用多元的素材媒介、考量多元的組成元素來執行工作的藝術。對教學而言，很重要的是我們應該教「**什麼**」——我們想要學生知道什麼、理解什麼和能夠做到什麼。想成為一位專家教師，我們就要持續追求對學科本質更深入的了解，不斷精進掌握學科的智慧，這樣的了解對於教師作為課程設計者的角色具有關鍵的影響。很難想像一個沒有持續注意這個教學藝術組成元素的人，會有辦法變成一位好老師。我們將會在第三章探討課程設計在教學藝術實踐當中所扮演的重要角色。

對教學很重要的第二個媒介或元素是學生——我們教的是「**誰**」。學生是我們身為教師的工作焦點，我們相信，教師應該透過高品質的課程所展現的力量與智慧，以明顯更好的方式來影響、形塑學生的生命。在一個比較不複雜——比較不人性——的世界裡，教學可能只是告訴年輕學子哪些是重要必須知道的知識，在這樣的情境裡，學生會說：「我知道了，謝謝。」然後世界繼續運行。

然而，人類是多元且複雜的，這樣的多元性和複雜性要求教師必須投

整合運用差異化教學和重理解的課程設計

注許許多多的心力來好好研究學生，正如他們研究課程內容一般。教師若未能顧及這個重要元素，可能會危害教導眾多（即使不是全部）學生的教學組織，導致教育上的失敗。在課程設計的過程開始之前、在課程設計的過程進行當中，以及當課程在教室實際試驗與調整之時，最好的老師心裡明白教學的衡量判斷依據的是成功的學習，也知道學生必然會相對應影響我們教學藝術實踐的有效性。這一章的目的是簡要探討學生的多元差異影響、形塑教學藝術的一些方式。我們選擇了以學生作為焦點來開始 UbD 和 DI 的討論，是想證明我們堅定相信：在設計、實施和反思專業教學計畫時，永遠都應該把學生放在我們思考的最前面、最重要的位置。

幾個說明的好例子

每一年，教師走入教室時，都帶著一種方向感，那是教師個人對於學科內容、課程內容標準和教學教材的知識做了某種程度的整併之後所產生的方向感。當教師越來越有經驗，他們的方向感會發展得越來越精緻化，越來越能預知前方的旅程會如何隨著時間、學習進展衡量指標和特定的旅行路徑而展開，一路上也全面留意關照學生的學習需求和興趣。每一年，學生們強化了這些教師的感知，讓教師清楚知道這教學旅程是師生共享共築的，而且，最好的老師所做出來最好的教學計畫也不過就是——計畫，隨時都可能改變。

》 個人私事對學習的阻礙

艾莉絲以前是能力頗強的學生，現在卻是每次考試都不及格、作業遲交或不交。她在學業上沒有任何進展，她的老師知道，也跟艾莉絲和她的

媽媽談過好幾回。艾莉絲不知所措，她的媽媽非常驚訝，並答應會從家庭給予支持——她也確確實實做到了。艾莉絲學年結束時的成績是 D、F 似乎已是觸手可及。幾個月過去，她何以會持續走下坡的謎團終於解開：在學年剛開始的時候，她的父母離婚了。雖然無法清楚說出她心裡盤算的計畫是什麼，但是艾莉絲以為，如果她在學校表現得很差，她的父母就必須聚在一起來解決這個問題；如果她的失敗持續下去，那麼父母之間的談話也會持續下去。她堅信她這麼做，到最後，他們會重新復合。學生個人私事的危機讓老師規劃完善的計畫變得無足輕重。

》 身分認同成為學習成就的阻礙

　　強生對班上的小組計畫和小組討論有了不起的貢獻，可是他個人的表現頂多只能算是普普通通。他開了頭的工作，遠比完成的多，作業很少按時交——如果有交的話。他在課堂上有時候很愛爭辯——特別是對老師，不過在其他時候，他跟老師的關係似乎挺正向的。

　　後來在一次跟校長的對話當中，強生爆發了：「等你了解了身為校車上唯一一個想做作業的人會是什麼樣子，放學後去讀書而不是去打籃球會付出什麼代價，你**再來**跟我說要怎樣過我的生活吧！」強生，這個處在前青春期的孩子，正在種族和學業身分認同的問題當中苦苦掙扎，在他的腦海裡，這樣的掙扎變得「太大聲」，淹沒了課程，也讓他對老師的看法變得糾結複雜。

》 一個學習問題造成阻礙

　　雅娜非常痛恨每一次的寫作作業。平常她挺快樂的，也很有精神，但

每次面對寫作作業的截止期限都是淚眼汪汪。當雅娜無法在指定時間交出作業時，老師第一次嘗試處理雅娜的沮喪情緒是延長她作業繳交的期限，結果她交了幾頁的作文，但看起來沒有開頭、中間和結尾，也看不出來有什麼寫作的意圖或目的。老師幾次跟雅娜的對話，產生了幾個解決方法來處理她這個不確定原因的問題——但全部都沒效。

然後有一天，老師發現雅娜可以有力道、有觀點的解釋她的想法，但在寫作時卻變成一團漿糊。老師直覺的把雅娜的文章剪成一塊一塊的「思想」——以一個一個單位，而不是以線性敘述的順序來呈現想法。然後她對雅娜說：「現在，把這些紙條照你剛剛跟我說的順序排好。」在淚水朦朧中，雅娜發現她可以運用這種方式來釐清那一堆雜亂的想法。這個方法不只為雅娜打開了成功寫作的新可能性，同時也診斷出先前從未被診斷出來的學習障礙。為了找到突破點，老師必須放棄預先規劃好的一系列作業，先跟學生一起做一項作業，直到她和學生可以解開阻礙學生寫作進展的問題。

》》 一個特異的學習需求抑制了學習成就

諾亞大致上是一個討人喜歡的孩子，但過去幾年一直被視為「壞」小孩。在那些認為坐好聽講是學生第一美德的老師的教室裡，他似乎沒辦法保持安靜坐好，他因為在「不恰當」的時候亂動而被罵的次數越多，他不恰當亂動的次數也會跟著增加。在今年的班上，諾亞表現得不錯，當他專注投入一個想法或討論時，他會站起來，在桌邊走來走去，但看來也沒人在意。事實上，他的老師已經習慣將諾亞的行動視為他上課時的學習精力狀況指標。有一天，他一邊走來走去一邊做作業時，他喃喃自語：「我覺得我在動的時候學得比較好，能知道這件事情真的很酷，不是嗎？」事實

上，諾亞是一個高度肢體動作型的學習者，偏偏生在一個注重坐好聽講的世界裡。對他來說，心理上的學習精力是透過身體動力來展現的，當他的學習方式被老師接受，他就變成了一個更好的學習者。

這些學生不是作者杜撰出來的，他們都是真實教室裡的真實學生。他們的老師投注了時間、心力和精神能量在打造理想的課程，希望能夠充分結合他們的教育信念和知識功能——相信每個學生的潛能的信念，以及知識能夠幫助學生發揮潛能的功能。然而，學生才是這齣教室戲劇的演員——跟老師與課程一樣具有相當的影響力。學生們獨特的生命強烈的形塑、影響他們的學校經驗和對學校教育的反應。當學生的需求佔據了教室舞臺的中心時，老師就必須為了那個需求而調整「劇本」。在兩個例子裡，老師找到了方法來處理學生的特殊需求；在另外兩個例子裡，直到學年結束，學生的問題還是原封不動、難以處理。當然，我們必須保持樂觀的教學態度，相信只要持續嘗試下去，我們一定會找到方法來處理這些目前阻礙學生成功的問題。

學生很相似——也很不同

艾莉絲、雅娜、傑生和諾亞跟所有其他的學生都很像，他們來學校並不是為了尋求地理的精熟度和段落寫作的能力，而是來尋找自己。也就是說，像所有人一樣，他們在尋找一種自己的意義、角色和可能性。他們來學校是想了解他們周遭的世界，以及他們在這個世界裡的位置。

為了這樣的目的，他們來到教室裡，首先尋找的是像認同肯定、關係連結、成就感和自主性這類的東西（Tomlinson, 2003）。他們在尋找接納他們、重視他們、引導他們的成人，以及足以向他們示範長大成為一位有能力與關懷他人的成人是什麼樣子的人。在滿足學生這些認同肯定、關係

整合運用差異化教學和重理解的課程設計

連結、成就感和自主性的核心需求上，優質的課程應該扮演中心角色，但將學生的基本需求和課程連結起來，卻是教師的工作。雖然學生的身體、心理和情緒特徵，從幼兒園到高中會有所改變，但是他們身為學習者和人類的基本需求是不會變的，這些基本需求持續主宰著年輕人在學校和教室裡所追尋的東西。

不過，儘管有這些相似性，年輕人之間在體驗追尋自我和意義的方式還是有所不同——有時候是非常顯著的不同。事實上，就是年輕人帶到學校來的這些不同與差異，形塑、影響著他們在課程和學校情境中是如何看待自己的。

有許多方式可以思考學生的多元差異會如何形塑學生的學校經驗。一位帶著絕佳課程來到教室裡的老師，很可能站在各式各樣的學生面前：能力資優和學習障礙的學生，貧窮的學生和富有的學生，大膽作夢的學生和覺得不值得浪費時間作夢的學生，從小就是說權力主流語言的學生和不熟悉那種語言的學生，透過聆聽演講來學習的學生和透過實際應用操作來學習的學生，順從聽話的學生和全面挑戰權威的學生，信任他人的學生和受到傷害不再信任他人的學生。假裝這些差異在教或學的過程中一點都不重要，其實是活在幻想假象之中。表 2.1 呈現的是幾種可能的學生差異類型，形塑這些類型的基本元素，及其對學習的啟示。

很遺憾的是，身為老師的我們，常常會找出那些擁有「符合我們教室課堂結構」的特質的學生，並指稱他們是「成功的」學習者，而把其他學生歸類為「不成功的」學習者。實際上，如果我們了解「打造引領學生邁向成功的學習環境」是我們的職責，而不是任其自然發展，學校裡必然有更多的學生會是成功的學習者。就算是最好的課程，如果是以「接不接受隨便你」的方式來實施的話，只會有少數學生接受，卻有太多學生會將之拋在腦後。

表 2.1 學生差異的類型、形塑元素與對學習的啟示

差異類型	形塑元素	對學習的啟示
生物學	• 性別 • 學習神經的「線路分布」 • 各種能力 • 身心障礙 • 發展	• 在嘗試學習各種事物上,學生之間存在著能力高低之別,有能力高強者,也有能力障礙者。 • 學生學習的方式會有所不同。 • 學生學習的時間進程會有所不同。 • 有些影響學生學習的元素確實會有先天的局限,但如果有適當的學習情境和支持協助,也會有相當的可塑性。
優勢程度	• 經濟地位 • 種族 • 文化 • 支持系統 • 語言 • 經驗	• 來自於低社經背景和不是處於權力主流位置的種族、文化和語言的學生,會面對更大的學校挑戰。 • 學生的成人支持系統的品質會影響學習。 • 學生的經驗的廣度和深度會影響學習。
對學習的定位態度	• 成人模範 • 信任 • 自我概念 • 動機 • 氣質性格 • 人際技能	• 積極認同與讚揚教育價值的家長對他們孩子的學習有正向的影響。 • 信任、正向的自我概念、正面的氣質性格和學習動機對學生學習有正向的影響。 • 正向的人際互動技能和「情緒智商」對學生學習有正向的影響。
個人偏好	• 興趣 • 學習偏好 • 對他人的喜好	• 學生的興趣會隨不同主題和學科而不同。 • 學生對於如何吸收學習和表達展現知識的偏好會有所不同。 • 學生跟不同老師之間的關係會有所不同。

回應式教學為什麼很重要

　　回應式或差異化教學的意思是教師同等的關注學生的多元學習需求和完善明確規劃課程的要求。回應式教學（responsive teaching）意味著教師會針對學生如何接觸學習重要想法和技能、學生理解與展現核心概念和技能的方式做出適當的調整，也會調整改變學習環境——所有的作為都是盡最大的可能來支持每一位學生成功學習。回應式教學需要教師持續不斷努力與個別學生建立正向良好的關係，並且逐漸了解哪些學習方式對不同的學生是最有效的。教師敏於回應學習者的特殊需求，會對學習者的成功很有幫助，原因如下：

　　●**關注師生關係，能增進學生學習的動力。**正向的師生關係，除了會帶來人類之間學習互相了解與彼此欣賞的好處之外，同時也能激發學生的學習動機。學生相信自己受到老師重視的信念，會形成一股強大的鼓舞力量，讓學生願意去承擔學習過程中隱含的風險。

　　●**關注學習環境，能建立有利學習的情境。**當學生感受到認同肯定、關係連結、對群體有貢獻、自主性漸增、有成就感，並且願意共同為群體的福祉負起責任，這樣的學習「氣候氛圍」是好的。這樣的學習氛圍雖然無法保證學生的成功，但它打開了學習之路，提供一個合作學習的情境，持續共學的夥伴關係能夠幫助學生將成功與失敗的體驗視為人類成長的一部分。

　　●**關注學生的背景和需求，能建立起連結學生和重要學科內容之間的橋梁。**這樣的連結有助於學生看到學科內容和他們之間的關聯性——這是學生之所以投入學習的一個重要特質。

● **關注學生的準備度，能讓學生的學科知能有所成長。**當我們所做的事情對我們來說難度有點太高，而且有一個支持系統可以支撐我們跨越這個難度的時候，就是我們學習擴展增進的時候。因為不同的學生在某一段時間裡學習某些概念想法和技能的準備度必然會有所差異，所以老師必須做出適當的準備度調整，好讓每一位學生能在學科知能上持續成長。

● **關注學生的興趣，能激發學生的動機。**任何年紀的學習者都會被他們感興趣的事物所吸引，而且願意投注心力去學習感興趣的事物。興趣能夠點燃學習的動機。學生覺得學科內容和技能跟他們的興趣距離很遙遠的時候，他們不會有什麼學習動機，但如果老師持續努力地挑起學生的好奇心、發現學生的特殊興趣和共同興趣，並且讓學生明白學科的重要想法和技能與他們的興趣之間如何產生連結，就有可能發現學生比原本更熱切投入、也更願意學習。

● **關注學生的學習風格，能增進學習的效能。**讓學生能夠以他們自己偏好的學習模式來學習，就能為學習過程「移除障礙」。當學習的挑戰已經頗為巨大的時候，允許學生運用最適合他們的學習方式是明智之舉。

在所有的教室裡，很重要的是老師要自問：「我能夠承受得起犧牲學生的信任支持、成長、動機或學習效能嗎？」如果老師的目標是每個學生都高度投入學習，那麼這個問題的答案當然必定是：不能，這些學生特質是不可或缺、絕對必須關注的。老師越不關注這些特質，學生的學習也會相對應的越來越少。

整合運用差異化教學和重理解的課程設計

回應式教學的基本方法

　　差異化教學並不鼓吹「個別化」。光是想到老師的工作是要完全了解每一個學生的需求，包含來自各種不同文化和語言團體的學生、因為讀寫困難而掙扎努力的學生、有行為問題經常挑釁反抗的學生、學業表現優異的學生、家庭環境受到壓迫的學生等等，就讓人覺得這是難以承擔的浩大工程。比較可行的建議是教師可以試著實施可能滿足多元學習需求的教學**型式**（patterns），讓更多的學生受益。此外，研究個別學生以適當調整這些教學型式，這永遠是值得做的好事。不過，針對擁有類似需求的學生（同時又避免給學生貼標籤）實施對他們有幫助的教學型式和流程，是一個很好的起點。請考慮以下十種既能跨越學生「類型」又能幫助眾多學生成功學習的教學型式。

　　● **找到方法讓你能更有目的、更經常的認識了解學生。** 舉例來說，站在教室門口，當學生進入和離開教室時，叫出學生的名字，跟他們講講話；運用對話日記，讓學生可以藉此機會跟你建立書面的對話；當學生在討論或工作時，做一些觀察筆記。就算你有「好多好多的學生」，這些方法以及其他許多方法都能夠讓你有效的認識學生，同時，這些方法也向學生傳達出「老師很看重他們」的訊息。

　　● **將小組教學納入每天或每週的教學例程當中。** 一旦老師和學生們習慣了小組教學的流程，某些學生可以獨立（或小組）工作而老師同時在指導其他幾位學生，就等於為老師開啟了一扇門，讓老師能夠經常規律性的將教學標的放在有特殊需求的學生身上，在這段時間內，專門輔導那些需要以不同方式教導的學生、基本知能需要協助的學生、需要聆聽優秀讀者放聲朗讀的學生，或需要「安全的」機會來練習朗讀的學生、需要被推一把以超越目前年級期望水準的學生等等。同樣的，幾乎沒有學生會解讀不

出來「老師這麼做是在努力幫助他們成功」的重點。

● **學著朝高遠的目標教學。**鑽研能夠擴展高能力學生學習的策略，並嘗試實施這些策略，可以帶來許多好處，最明顯的好處就是提供挑戰給那些經常被老師忽略、需要自立自強尋找挑戰的學生。不過，培養複雜思考與創意思考能力的任務設計，逐步增進學生的獨立性、自我評量、後設認知、彈性學習步調的支持系統等等，這些對大多數的學生也很有幫助。最好的差異化教學，必然是從我們以為對大多數學生可能「太高的期望」開始，並且持續不斷地建立起各種支持資源，好讓越來越多的學生能夠達成非常高層次的成就。

● **提供更多探索與表達學習的方式。**舉例來說，如果你在日常教學作息裡，定期規律地安排機會，讓學生透過分析式、創意型或實際應用的方式來建構他們對於重要想法的意義，對許多學生都會有好處。如果你的作業和評量能夠忠實鎖定核心必要的學習結果，但又允許學生以最適配他們的優點長處和興趣偏好的方式，透過多元不同的產品和實作表現（如：寫作、說話、演出，或視覺圖像表徵）來表達他們的理解與學習，這也會讓許多學生受益無窮。

● **經常使用非正式評量方法來檢視與了解學生的理解狀況。**比方說，當一節課結束之際，要求學生回答索引卡上面的一、兩個關鍵問題，下課時繳交給老師，這個做法可以幫助老師察覺到哪些學生已經精準掌握了某個概念想法或技能、哪些學生產生了迷思概念、哪些學生還在剛開始邁向精熟的階段，以及還有哪些學生需要額外的協助才能進入狀況。這種「退場卡」（exit cards）不必打分數，它只是提供一張快照，好讓往後幾天的教學計畫能夠更聚焦在學生的學習需求上。

● **以多元方式進行教學。**運用「部分到整體」以及「整體到部分」的解說結構；運用文字也運用圖像；示範或演出想法；運用從學生的經驗推

整合運用差異化教學和重理解的課程設計

演而來的示例、故事、類比和圖解。相較於只「專精」一種模式的老師，能夠常常以這些多元模式呈現的老師，比較可能觸及更多更多的學生。

●在課程進行過程中，不斷運用基本閱讀策略。經常運用「放聲朗讀」（read-alouds）、「精讀法」（close reads）、「分欄式理解筆記」（split entry comprehension journals）和相關的方法機制，老師就能幫助許多學生帶著更明確的目的、更深入的理解去閱讀。

●允許學生單獨一人或跟同學一起學習。許多時候，學生是自己獨立或跟同學合作進行一項任務，其實對於當天的學科內容目標並沒有多大的影響差別。給予學生選擇自己喜歡哪種方式的空間（在班規要求的行為規範內），可以增進許多學生的學習成效。

●運用清楚的評量指標來指導學生追求品質。有時候，課堂上的評量指標會像「斤斤計較的總管」，舉例來說，如果一個學生做了四件事，似乎就被視為比做三件事好。在提供學生明白的指引或支持他們後設思考自己的工作品質和工作習慣上，這樣的評量指標並沒有多少幫助。能夠清楚說明「好」工作或作品的特徵，並且從那裡追求往上進展的評量指標，才能指導更多的學生從「好」前進到「優秀卓越」。此外，評量指標也可以提供空間給學生去增加個人的成就目標，或提供空間讓老師為某個學生加入特定的目標。

●培養對多元差異的興趣與喜好。學校和教室的結構常見是以壓制差異的方式來組織安排，這不但造成思想的貧乏，也導致機會的貧乏。請提出可以從多元的觀察立足點來回答的問題，並讓學生覺得可以安全的表達不同的看法。要求學生找到多種方式來解決數學問題；鼓勵天賦才能非常不一樣的小組學生找到不同的方式來表達他們的理解；邀請學生提出他們覺得可以如何組織安排教室空間的方法，並且利用這些方法；了解學生的不同文化，並且研究種族對於學生和學習的影響力；持續不斷的運用跟多

元文化有關的例子、圖畫和素材；請學生比較源自於他們文化背景的方言用語、慶祝重要事件的方式、英雄、故事等等。就像一位同事曾經提醒我們的：重要的是，不要將個人習慣的井底誤以為是世界的地平線。透過許多不同的雙眼來看見更多的可能性，我們的世界——以及我們學生的世界——都會擴展許多。

想成為一位更敏於回應學生需求的老師，一開始，你並不需要做到所有這些可能的做法。不管你的起點是找到更能認識了解個別學生的方法，或是讓你的教室變得更寬宏接納各式各樣的學生、對所有學生都抱有高度可能的期望，或是發展多種不同的教與學的方法途徑，都沒有關係，只要你開始嘗試，那麼許多不同的學生就更有可能實現與發揮他們的潛能。

從頭開始

卓越的教學具有無限的重要性，清楚連貫、富含意義的課程亦然，但最終，教育關乎學習，學習發生在學生的**內在**，而不是**外加**給學生的。學習是意義建構的過程，這樣的建構學習，一次發生在一個學生身上。即使在最初開始思考什麼樣的課程最有可能協助學生發展持久的理解和有力的技能之時，我們也必須體認到，不管我們的課程設計有多令人讚嘆，它還是必須根據學生不同的學習發展時間表以多元的方式來實施，同時也必須回應學生多元不同的需求——否則，它是不會按照我們打造的課程計畫那樣產生我們想要的學習的。

因此，在設計課程時，掛在我們心上的永遠必須是這些問題：我準備要教的是誰？我要如何把我對於學生的知識應用在課程設計方式上？我要如何幫助這些特別的學生，在我要教他們的學科內容裡，找到他們自己和

他們的世界？然後，在設計和實施課程時，我們需要繼續問：我要用什麼方式來教學，才能讓這個課程設計在這些學生身上發揮最大的效力？當我觀察這些學生和學科內容產生互動、和我設定的教學方法產生互動時，我可以如何更深入了解他們？我要用什麼方式確保每個學生都能有管道途徑來體會這個課程設計的力量，並且符合他們個人的特殊學習需求？

　　將這些問題牢記在心，我們隨之做出來的課程計畫，將會因為我們對於這些計畫設計對象的認識與了解而充滿激發學習的動力。如此一來，課程設計變成了一個過程，我們藉由這個過程來規劃設計如何跟真實的學生溝通表達我們的教育信念：我們相信知識的力量，也相信每一個學生的潛能，相信他們都能透過知識來發展出個人的力量。所以，順理成章的，下一章的主題就是探討所謂規劃設計能讓學生發展個人力量的課程是怎麼一回事。

3

學習裡真正重要的是什麼？（內容）

什麼知識是真正核心必要且持久的？

什麼值得理解？哪些強而有力的想法是所有學生都應該遇到的？

差異化和標準要求可以並存嗎？我們如何同時處理政府當局要求的課程內容標準並且還能持續回應個別學生的需求？

從幼兒園到大學研究所的教育者基本上都面對一個共同的挑戰：在有限的教學時間裡，要教的內容實在太多。這個問題在某些學科領域會更加擴大，例如科學和歷史，因為它們的知識庫持續不斷在擴增。這個學科內容「超載」的問題，需要教師們不斷的做出選擇，決定要強調什麼內容以及不教哪些內容。

近幾年，北美的國家級學科領域協會、州政府和省政府已經建立課程內容標準，指出幼兒園 K 到 12 年級的學生在各個學科領域應該知道和能夠做到什麼。這些課程內容標準的目的是要聚焦教與學的重點，指導課程的發展，並提供績效責任系統的評估基礎。儘管課程內容標準化運動的立意良善，也有許多正向的影響，但它還是沒有解決「超載」的問題。實際上，課程內容標準不僅沒有改善問題，反而可能使問題更加惡化。

以 Robert Marzano 和 John Kendall（1998）的研究發現為例，他們分析 160 份國家級和州級的課程內容標準文件，綜合整理出官方期望學生在各種學科領域能夠知道和做到的 255 項標準（standards）和 3,968 項基準

指標（benchmarks）。研究者繼續計算，如果每個指定的基準指標分配 30 分鐘教學時間的話（而且許多指標其實需要更多更多的時間來教與學），那麼，學生總計需要 15,465 個小時（大概是多於九個學年的時間）才能全部學完所有的指標！如此規模龐大的內容要求，對教育者而言實在太驚人，讓人不敢嘗試去做課程內容標準的教學與評量。

除了指定內容標準的數量之外，這些標準的陳述方式也讓人覺得難以處理。有些標準訂得太大，以這項標準為例：學生將會「認識藝術作品裡的技術性、組織性和美感的組成元素是如何影響此作品所傳達的想法、情感和整體的效果」。這樣的陳述實在太全面、太廣泛，很難提供足夠清晰的目標來指引老師的教學與評量。不同的藝術領域老師可能會（真心誠意的）強調這項標準裡面非常不一樣的面向，同時又都相信他們的教學行為確實是在實踐這項標準。

相對的，有些標準訂得太小，以這項七年級州級歷史標準為例：學生將會「比較巴基斯坦的印度河流域早期文明和中國的黃河流域早期文明」。雖然這項陳述提供的目標比前段的例子清楚明晰許多，但它的焦點太過特定而且似乎有點隨意選擇的樣子。若再加上依賴選擇題型來評量每一個個別標準和基準指標的高利害風險測驗，這個問題就會更加惡化。當課程內容標準被降低層級變成一連串「細瑣事實」，而且評量是建立在去情境化的選項選擇（decontextualized item）之時，老師面對的就是一大張雜務清單，無法區辨優先順序、必須全部教完的繁冗清單。更大的、可遷移應用的概念和過程技能可能會淹沒、迷失在細節之海當中。

為了解決前述的其中一或兩個問題，有些州和省分也努力嘗試出版伴隨的「澄清型」文件資料，來解釋說明這些標準的目的和企圖，找出更明確的年級基準，並且具體指明學習表現指標。只是，內容超載的困難挑戰仍然存在。

課程內容標準並非唯一的問題，教科書經常讓狀況變得更糟。許多州和省分的教科書選用委員會要求教科書必須符合**它們的**課程內容標準，為了滿足這樣的要求，美國和加拿大的教科書出版商非常努力的在整套教科書裡面盡可能包含最多的課程標準和基準指標，其結果就是塞入過量的訊息，變成「一英里寬、一英寸深」這種只有廣度、沒有深度的處理學科領域知識的方式。

所以，我們要如何面對課程內容標準和教科書造成的學科內容超載的挑戰呢？Wiggins 和 McTighe（2005）在他們合著的《重理解的課程設計》（*Understanding by Design*）中提出，學習結果的考量，應該是以學生能夠理解學科課程內容標準裡的「大概念」（big ideas）和核心過程（core processes）為重點，而這些概念可以利用激發探究的「核心問題」來組織架構，讓教與學能夠聚焦。因此，那些比較特定具體（傳統是以標準化測驗來評量）的事實、概念和技能，可以在探索與應用更大的概念和過程的情境當中來進行教學。這種方法跟其他課程與評量專家推薦的方法是一致的，如 Lynn Erickson（1998）呼籲使用「概念為本的課程」（concept-based curriculum），Douglas Reeves（2002）提倡架構形成「有力量的標準」（power standards），這些都是好用的工具，讓教師能透過聚焦在可遷移應用的概念和過程技能，將龐雜的學科內容做出重要優先排序。

那麼，這個方法在實際應用時，看起來是什麼樣子呢？我們一起來回頭看看前面那兩個例子。

第一個藝術領域的標準（「認識藝術作品裡的技術性、組織性和美感的組成元素是如何影響此作品所傳達的想法、情感和整體的效果」）非常廣泛，需要一個概念上的焦點。請想想以下的「大概念」例子和相伴的問題：

- 藝術家的文化和個人經驗會啟發他們表達的想法和情感。**藝術家從**

整合運用差異化教學和重理解的課程設計

哪裡得到創作的靈感？文化和個人經驗會以哪些方式來啟發藝術表達？

- 現有可用的工具和科技會影響藝術家表達想法的方式。**工具媒介如何影響藝術作品傳達訊息？**
- 偉大的藝術家通常會打破現存的傳統、慣例和技術，來表達他們的所見所感。**什麼讓藝術變得「偉大」？**

在第二個例子裡（「比較巴基斯坦的印度河流域早期文明和中國的黃河流域早期文明」），透過檢視更大的概念想法和相關的問題，對學生的學習會更有助益，例如：

- 一個地區的地理、氣候和自然資源會影響當地居民如何生活和工作。**人們住在哪裡會如何影響他們怎樣生活？**
- 不同文化之間會共享相同的特徵但同時又保有自己獨特的特質。**什麼造就了不同的文明？現代的文明比古代的文明更「文明」嗎？**
- 過去能夠讓我們洞察歷史的發展模式、普世的人性主題和反覆出現的各種人類處境。**我們可以從研究其他地方和其他時代當中學到什麼？過去如何影響今日的我們？**

請注意，在這兩個例子裡，可遷移應用的「大概念」和核心問題提供了一個概念的透鏡來探究課程內容標準裡特定的內容指標，然後，在較大的概念想法和問題的情境脈絡底下，再來教更具體的事實知識和技能。這樣的方法提供了一種工具來管理龐大的內容知識量，同時又能支持有意義的學習。當課程、教學和評量都是以這樣的「大概念」和核心問題作為焦點的時候，它們對學生和家長發出了這樣的訊息：藏在學校的所有努力作為底下的根本目標，是要促進學生學習重要的內容，而非只是掃過一遍教科書內容或為標準化測驗而反覆練習。

逆向設計

　　如果我們希望學生探索核心問題，並逐漸理解學科課程內容標準裡的重要想法，那麼我們就必須依此來設計課程。為了達成這樣的目標，我們提出了一個課程設計的三階段逆向設計過程。

　　從期望、想要的結果來進行逆向設計的概念並不新穎，在 1949 年，Ralph Tyler 就曾經說過這種方法是一種讓教學有效聚焦的過程。新近一點的，則是 Stephen Covey（1989）在他的暢銷書《與成功有約：高效能人士的七個習慣》（*Seven Habits of Highly Effective People*）裡提到：各種領域的高效能人士都是目標導向，在做規劃設計時心中都想著最終的目標。雖然這個概念並不新穎，但是我們發現，慎思熟慮的運用逆向設計來規劃課程、單元和每一節課，確實能產生比較清楚界定的目標、更適當的評量方式以及更有目的的教學。

　　逆向設計要求教育者好好思考這三個階段：

　　第一階段：找出期望的結果。學生應該知道、理解、能夠做到什麼？哪些內容值得理解？我們期望學生達成什麼「持久的」理解？要探討什麼樣的核心問題？在第一階段，我們思考我們的目標，仔細研究官方既有的課程內容標準（國家級、州級、省級、學區級），並且再次檢視課程的期望目標。這些資料裡的「內容」通常遠遠多於我們在有限的教學時間裡能夠處理的內容，因此我們被迫一定要做出選擇。這個設計過程的第一階段就是要求我們必須清楚區分出重要優先順序。

　　第二階段：決定可接受的證據。我們要怎麼知道學生是否達成期望的結果？我們接受什麼證據來證明學生的理解和精熟度？逆向設計鼓勵老師和課程設計者在設計特定的單元和每節教學活動之前，要「像評審一般的思考」。我們需要的評量證據，應該反映第一階段找出來的期望結果，因

此，我們**預先**思考我們所需記錄的評量證據，以證明學生已經達成學習目標，而這樣做會讓教學變得更敏銳且聚焦。

第三階段：計畫學習經驗和教學。如果學生要有效的表現和達成期望的學習結果，需要哪些幫助他們發展能力的知識和技能？什麼樣的活動、順序和資源最適合用來促成我們的目標？當我們心裡已經有了清楚的期望結果和適當的理解證據，現在要思考的是最適宜的教學活動，目的是要讓我們的教學能夠吸引學生投入並幫助他們有效學習，同時也要一直把期望目標放在心上。

我們發現，逆向設計有助於避免課程計畫與教學兩個常見的「孿生罪」。第一種「罪」在國小和國中階段較常發生，可稱之為「活動取向」的教學，在這種課程教學裡，老師設計的焦點放在各種活動上，這些活動通常是吸引人投入、動手操作、對孩子很友善的活動。只要這些活動是有目的的聚焦在清楚且重要的目標上，**而且**可以產出適當的學習證據，其實這些都算是好的特質。但是，從很多實際案例發現，活動取向的課程計畫與教學就像棉花糖一樣——在當下會讓人覺得挺愉快的，但卻缺乏長期實質的學習效果。

第二種「罪」在高中和大學比較常見，可用「照本宣科」稱之。在這種課程教學裡，課程計畫意味著仔細檢閱教師指引或手冊，而教學則是按照時間順序行軍走過教科書的內容。確實有一些老師是這樣教的，他們似乎相信老師的工作就是教學生學習重要的教科書內容、經常性的檢核所有學生對這些內容的理解，並且依據檢核結果做出需要的調整。教科書也許可以作為挺好的重要教學資源，但是它**不**應該全盤掌控變成教學大綱。

許多老師已經注意到逆向設計過程確實有其意義，但總覺得卡卡的、挺難用的，因為它要求我們打破原來舒適圈的習慣。但我們發現，當人們能夠透過 UbD 模板來做逆向設計時，他們就比較不會陷入活動取向或照

本宜科這兩種有問題的教學當中。

設計模板

McTighe 和 Wiggins（2004）發展出一個模板（template）來幫助教育者運用逆向設計過程，同時又能聚焦在重要的內容上面（見圖表 3.1）。圖表 3.2 提供一系列的問題，在規劃設計一個學習單元、一門課程或一個工作坊時，可以運用這個模板來引導思考。

請注意在第一階段，設計者被要求具體找出期望、想要的理解（U 欄位）以及相伴的核心問題（Q 欄位），這些都應該反映出官方既定的學習目標，例如課程內容標準（G 欄位）。這些組成元素有助於釐清學科內容的重要優先順序，並且確保大概念和重要問題會突顯出來，然後，再將比較具體、特定的知識和技能列入 K 和 S 欄位裡。

第二階段區隔出兩大類型的評量——實作表現任務和其他證據。實作表現任務（T 欄位）要求學生遷移（也就是應用）他們所學的東西到一個新的、真實的情境，當作一種評量他們的理解的方式。其他證據，例如傳統的小考、測驗、課堂觀察和作業樣本等等（OE 欄位），都有助於完整描繪出學生知道什麼和能夠做到什麼的全貌。

這個模板垂直的格式可以幫助使用者檢核第一階段和第二階段設計的一致性，你很容易就能看到選定的評量方式可以提供多有信度和效度的證據來證明學生是否達到期望的學習目標。

心裡對於期望結果和評量證據有個底之後，我們現在來規劃有目的的學習活動以及有方向性的指導教學，以幫助**所有的**學生達成期望目標（L 欄位）。在第三階段，我們要整併所有對學科內容與學生需求的關注點，做出回應式差異化教學的計畫。

整合運用差異化教學和重理解的課程設計

第一階段：期望的學習結果

官方既定目標（**E**stablished **G**oals）：　　　　　　　　　　　　　　　　　　　**G**

理解（**U**nderstandings）：　　　　　　　　　**U**　　**核心問題**（**E**ssential **Q**uestions）：　**Q**

學生將理解⋯⋯

知識（**K**nowledge）：學生將知道⋯⋯　**K**　　**技能**（**S**kills）：學生將做到⋯⋯　**S**

第二階段：評量的證據

實作表現任務（**P**erformance **T**asks）：　**T**　　**其他證據**（**O**ther **E**vidence）：　　**OE**

第三階段：學習計畫

學習活動（**L**earning **A**ctivities）：　　　　　　　　　　　　　　　　　　　　　**L**

資料來源：引自 *Understanding by Design Professional Development Workbook* (p. 31), by J. McTighe and G. Wiggins, 2004, Alexandria, VA: Association for Supervision and Curriculum Development. Copyright 2004 by ASCD.

第一階段：期望的學習結果

官方既定目標：　**G**
- 這個設計是針對哪些相關的目標（例如：學科課程內容標準、課程或方案計畫目標、學生學習結果）？

理解：　**U**	**核心問題：**　**Q**
學生將理解……	• 哪些刺激思考的問題可以促進學生探究、理解和遷移應用所學？
• 「大概念」有哪些？	
• 這些大概念裡，期望學生產生哪些具體的理解？	
• 可以預期學生會有哪些錯誤理解或迷思概念？	

知識：學生將知道……　**K**　　**技能：學生將做到……**　**S**
- 在這個單元，學生將習得哪些關鍵的知識和技能？
- 有了這些知識和技能，學生最終應該能夠做到什麼？

第二階段：評量的證據

實作表現任務：　**T**	**其他證據：**　**OE**
• 學生要透過什麼樣的真實實作表現任務，來展現他們達成期望的理解目標？	• 學生要透過其他哪些方式（例如：隨堂小考、段考測驗、學科提示簡答題、課堂觀察、家庭作業、日誌筆記），來展現他們達成期望的學習結果？
• 對於學生種種的「理解表現」，要用什麼樣的評量準則來判斷？	• 學生要如何反思和自我評量他們的學習？

第三階段：學習計畫

學習活動：　**L**
- 什麼樣的學習經驗和教學指導可以幫助學生達成期望的學習結果？這個設計要如何

W：幫助學生知道這個單元會走向**哪裡**（where）以及期望會學到**什麼**（what）？幫助教師知道學生是從**哪裡**來的（先備知識、興趣）？

H：**吸引**（hook）所有學生投入學習，並**維持**（hold）他們的學習興趣？

E：提供學生訓練**裝備**（equip），協助他們**經驗**（experience）重要的概念想法，以及**探索**（explore）相關的議題？

R：提供機會讓學生**重新思考**（rethink）和**修改**（revise）他們的理解和作品？

E：允許學生**評鑑**（evaluate）自己的工作表現及其意義啟示？

T：依據學生不同的需求、興趣和能力來**量身定制**（tailored，個別化）？

O：有效的**安排組織**（organized），盡可能激發學生初始的動機並持續投入學習，讓有效學習的效果最大化？

資料來源：引自 *Understanding by Design Professional Development Workbook* (p. 30), by J. McTighe and G. Wiggins, 2004, Alexandria, VA: Association for Supervision and Curriculum Development. Copyright 2004 by ASCD.

關於逆向設計的常見問題

當老師們開始運用逆向設計來進行規劃時，可預期的會有一些問題浮現，以下我們先回答三個最常被提出來的問題。

● **我們要如何找出我們期望學生理解的「大概念」？我們要如何發展相伴的核心問題？**

我們建議運用國家級、州級或省分級的課程內容標準作為起點，這些標準本身，或附帶的澄清說明文件，通常會呈現其中含有的重要概念想法。更具體可用的一個策略是「拆解」標準陳述句子裡的名詞和動詞，名詞通常指向「大概念」和相伴的核心問題，而動詞總是暗示著評量的方向。因為一個人需要非常紮實的學科內容知識才能找出持久的大概念和核心問題，所以我們建議你盡可能跟一個夥伴或團隊一起做課程與教學設計，這樣一來，兩或三個臭皮匠總是勝過一個諸葛亮。

另一個方法是運用這樣的問題來對學科內容提出疑問：我們到底是為了什麼要教 _____ ？我們希望學生在五年以後可以理解什麼、可以做到什麼？如果這個單元是一個故事，那麼它的寓意或道德教訓是什麼？如果人們不理解 _____ ，他們就沒辦法做什麼？

最後，我們鼓勵人們「更聰明有效的工作」，可以參考相關資源例如 ASCD 網站的 UbD 相關文章或案例（http://www.ascd.org/），或 McTighe 的 UbD 資源網站（https://jaymctighe.com/resources/），或 Grant Wiggins 設立的 Authentic Education 網站（https://www.authenticeducation.org/），這些網站資源提供了無數的 UbD 模板單元設計案例，也有許多的連結網址可以找到「大概念」、核心問題、實作表現任務和評量規準，實在沒有必要浪費時間力氣自己從頭做起。

- **當你在設計課程的時候，一定要按照這個模板的順序（從最上面到最下面）嗎？**

　　不必，逆向設計並沒有嚴格要求固定的順序。雖然，這個模板有它清楚的邏輯，但設計的過程通常是以一種前前後後、來往反覆的方式展開。這個模板的重要性，並不在於它是以固定順序制定的一系列欄位，而在於它是一個很有用的工具，幫助我們為學生的學習發展出連貫一致、有目的、有效能的設計。許多老師都告訴我們，當他們透過運用具體的模板表格，熟悉了逆向設計之後，他們會發展出一種「心理模板」——變成一種思考與設計的方式。就像其他有用的組織圖表或思維引導過程工具一樣，這個模板會留下認知思考的遺產，幫助你強化課程設計的能力。

- **可以運用逆向設計的三個階段來做單獨一課和一個單元的設計嗎？**

　　我們會建議要以單元來作為逆向設計的焦點，因為這個模板裡的組成元素——大概念的理解、核心問題和實作表現任務——都是複雜的，需要比單獨一課更長的時間才能發展出來。不過，我們也發現，當一節一節的課堂教學活動（第三階段）可以在期望結果（第一階段）和適當評量（第二階段）的大傘底下來進行規劃設計時，自然而然就會產生更聚焦目標的教學，而且學生的學習也會跟著提升。

標準要求和回應式教學：為內容和學生做規劃設計

　　在前一節，我們提出了設計單元和整門課程的三階段式「逆向設計」過程。現在，我們將從差異化教學的觀點，更細緻的來檢視這個過程。

　　在逆向設計的第一階段，我們找出期望的學習結果，包含相關的課程內容標準。如果適當選取的話，這些官方既定的目標（放在 UbD 模板的

G 欄位）可以作為教導**所有**學生的焦點目標。我們希望學生最終能理解的「大概念」（U 欄位），以及相伴的核心問題（Q 欄位），提供了智識學習的豐富度並且促進學習的遷移應用。不論學生的背景知識、興趣和偏好的學習模式有何差異，期望的理解和核心問題都應該是他們學習時必須持續對準的標靶目標，就像課程內容標準一樣。換句話說，大概念和核心問題提供了支撐穩定各種學科的概念性支柱，我們不會因為我們教的是**誰**就任意的修改這些支柱。^註 當然，學習者的特質和需求應該必定會影響我們**如何**教導他們朝這些標靶目標前進。

至於比較特定的知識和技能目標（K 和 S 欄位），是跟期望想達到的標準和理解有連結關係，但是在這裡很可能需要一些差異化的處理。學生基本上會有先備知識和技能程度的差異，所以敏於回應的教師會把教學焦點放在處理明顯的知識和技能的落差。教師的回應敏銳度是基於有效的診斷評量而來，有效的診斷評量會透露出學生們是否具備必備的知識和技能。在第一階段裡的確是有一個敏於覺察與回應學生需求的空間，但絕不會讓步放棄期望達到的標準或影響學科領域的完整性。

逆向設計的邏輯要求評量學生學習證據必須從目標推導而來，因此，在第二階段，教師被要求「像評審一般的思考」，決定幾種適當的評量方法，針對第一階段設定的知識、技能和理解目標提供紮實的證據。為了達到這樣的目的，我們發現好好檢視學科課程內容標準和基準指標陳述句裡的動詞，是很有幫助的。一項標準裡若運用了「知道」或「找出」這樣的動詞，代表用客觀測驗題型就可以做適當的評量，例如，某項標準要求學生要「知道每個州（或省）的首都」，就可以搭配連連看或選擇題的測驗

註：如果是特殊教育的學生，有專屬的個別化教育計畫（IEPs），那麼 IEP 裡為他們量身定做的特定目標就必須加進來，或取代課程內容標準的目標。

形式來評量。

不過，如果一項標準是期望學生能「應用」、「分析」或「解釋說明」——深思熟慮的運用他們的知識和技能——那麼就需要不同的方法來證明學生的成就。例如，如果這項標準是「學生能夠分析影響首都城市所在位置的因素」，那麼適當的評量方法就應當要求學生解釋說明各種不同的地理、經濟和政治因素的影響力。

同樣的道理，在考慮我們想要學生「理解」的大概念時，我們需要同時考慮什麼樣的證據能夠展現出學生是真正理解這些大概念。在這方面，Wiggins 和 McTighe（1998）提出展現理解的最佳方式是透過多元的面向——當學習者能夠**說明**（explain）、**詮釋**（interpret）、**應用**（apply）、**轉換觀點**（shift perspective）、**展現同理心**（display empathy）和**自我反思評量**（reflectively self-assess）的時候。換言之，我們必須對應我們的目標搭配適當的評量方法。

雖然一般來說，需要收集的評量證據是依據期望的學習結果來決定的，但是一個評量項目的**相關細節**卻是可以量身定制的調整以切合不同學生的獨特性。以要求學生必須對「生命週期循環」（life cycles）有基本理解這一項科學標準來思考，這基本理解的證據，可以透過要求學生說明解釋這個概念並舉出一個例子來取得，而且可以用寫作的方式來收集。但這樣的要求對於一個剛開始學英語或英語寫作能力很有限的學生來說是不恰當的，這個學生透過寫作來表達自己想法的困難，確實可能導致我們不正確的推論他不理解生命週期循環的概念，但是，如果我們給予他彈性的回應方式，例如口頭或畫圖說明，我們就能夠獲得更有效證明他的理解的評量證據。

這裡有一個很重要須注意的地方，雖然我們可能讓學生選擇如何展現他們知道、能做到什麼的方式，但是我們會運用**相同的**評量準則來判斷他

們的回應。以上述的例子來說，學生對於生命週期循環的說明解釋必須是正確、完整的，而且要包含一個適當的舉例，**不管**他是用口頭、畫圖或寫作的方式來回答。換言之，這項評量準則主要是從課程內容標準的目標衍生出來的，而不是根據回應方式。如果我們為不同的學生改變這項評量準則，我們就無法宣稱我們的測驗是標準本位（standards based）和標準參照（criterion referenced）的。

當然，我們必須考慮可行性。老師需要在全然個別化的評量方法和「一體適用所有人」的標準化測驗評量之間，找到實務上的平衡點。不過，我們相信教室裡的多元評量方式確實可以既回應學生不同的差異和需求，同時仍能提供關於學生學習進展值得信賴的資料和訊息。

最後，我們來到第三階段，在這個階段，我們發展教與學的計畫來幫助學生達成第一階段的期望結果，並且為他們提供足夠的訓練裝備來做第二階段的「理解表現」實作任務。在第三階段裡，我們考量學生不同的背景知識、興趣和喜好的學習模式，處處充滿了回應式的差異化教學。我們將在後續的章節探討回應式教學的多元方法和技術。

作為這一章的總結，我們以圖表 3.3 來摘要整理前面的說明——呈現逆向設計和差異化教學之間的關係。它支持我們所提出的這些重要前提：持久的理解、基本必要的知識和技能應該是我們持續關注大多數學生學習發展的焦點；學生**如何**展現他們的學習精熟度的方式，可以依據學生的準備度、興趣和（或）學習模式來回應、調整；引領學生朝精熟這些核心目標邁進的學習步驟應該差異化處理，盡其可能的最大化每一個學生在這些核心學習目標上的進步與成長。

這個組織圖提供一個大概的架構來思考差異化教學可以應用在重理解課程設計模板的哪些地方。如果學生有很極端的學習需求，那麼堅守相同的核心知識、理解和技能此一原則就可能會有例外。例如，有個別化教育計畫（IEP）的特教學生或才剛開始接觸英語的學生，可能需要先學習 UbD 模板列出的期望目標的前導或更初階的知能。同樣的，對於可能已經精熟 UbD 模板列出的核心知識、理解和技能的資優學生來說，需要學習更進階的知識和技能才能持續發展學習力。在評量的證據方面，雖然我們設定要評量的內容目標對大部分的學生是維持一致的，但若能變化評量的方式，則會對許多學生有所幫助。

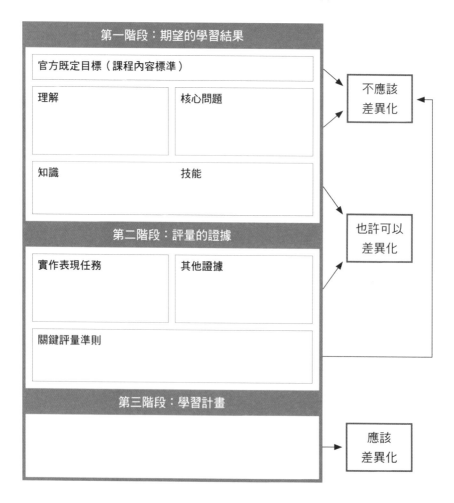

一條河流需要河岸才能向前流動，逆向設計提供了基本的結構來支持教學和評量上的彈性作為，以期能夠堅守學科內容的完整性同時又尊重個別的學習者。UbD 和 DI 的整合，提供穩定的課程與教學的焦點：核心必要的知識、理解和技能，以及在引導學生朝期望的目標終點前進時應有的教學彈性。接著下一章，我們會探討差異化教學是如何從源頭的優質課程開始流動，同時又是如何受到優質課程的影響而逐步成形。

4

規劃成功學習時，
真正重要的是什麼？

回應式教師的態度和技能是什麼？為什麼它們很重要？

成功規劃差異化教學所需的態度和技能，實際運作時會是什麼樣子？

教室裡有效差異化教學的指標是什麼？

強而有力的課程──以及教學方程式的另一半

　　教師必須清楚知道學科內容的精髓是什麼，這是極其重要的事。這樣的清楚了解，反映的當然是教師了解專家們認為這些學科領域的核心重點是什麼，也代表我們覺察到：學習，主要是關乎一個人組織與運用想法和技能來處理問題的能力，而不是記憶背誦資料訊息。此外，對學科內容的清楚了解，也顯示我們意識到人類總是在尋求對周遭世界的理解並從中建構意義，也知道各學科領域的大概念揭露展現的其實就是生命的大概念。因此，掌握任何學科的關鍵概念和原理原則，必然也會幫助我們更加了解自己、了解我們的生活和我們的世界。

　　清楚了解學科領域裡真正關鍵重要的是什麼，讓我們能夠為理解而教（teach for understanding）。為理解而教，是要提供優質的心智糧食，以培育出會思考、有能力、有自信的學習者──以及公民。換另一種方式來說，課程越是強而有力，就越有可能為教室、教師和學生帶來各種可能性。

不過，就算有了高品質的課程，教師的工作還有一大半尚未完成。如果我們認為自己的角色主要是教課程——即使是優良典範課程——的老師，那麼我們就是忘記了另一半的專業角色：我們同時也是教人的老師，我們工作的本質是要確保課程能夠發揮促進學生強效學習的催化劑功能，讓學生在我們的引導和支持協助之下，逐漸變得精熟與投入學習的歷程。

換言之，要成為優質有效的教師，我們必須持續關注課程與教學這兩者的品質。關注課程的品質卻不強調教學的重要，也許可以帶給教師極大的心智刺激與挑戰，但卻沒辦法對我們所服務的年輕學子提供同樣的心智挑戰。另一方面，關注教學的品質而未同等強調課程的重要，可能可以帶給學生新鮮感或娛樂性，但幾乎可以確定它不會導致持久又有效力的學習結果。

因為我們教導的學生在許多方面都有明顯的差異，所以我們試圖讓豐富的課程對這些學生「產生作用」的方法就必須要有很多種和很多元的變化。差異化教學的一個關鍵前提是：所有的學生[註]實際上都應該有機會接觸到豐富優質的課程——富含該學科領域專家重視的想法和技能的課程。這是一個既崇高又必須抱持的理想，當我們對自己說：「有許多方式可以幫助我的學生學習，我的工作就是找到足夠多的教學方式，以及足夠多支持協助學生學習的方法，好讓我所教的東西能夠對每一個需要學習學科核心內容的學生產生作用。」我們就是在把這個理想轉化為實際。

註：如同我們前面提過的，這個前提會有一些例外的情形發生，比如有些學生有嚴重的認知障礙，需要個別化教育計畫（IEPs），因為他們沒有辦法學習學科內容的重要概念想法，所以他們的學習目標始終與一般課程的目標有很明顯的差異。

差異化教學的核心態度和技能

研究結果顯示，大多數教師認為在教學時能夠關注學生的多元差異是很好的理想，而且這是跨各年級、各學科領域和各種教學年資的教師都共同擁有的信念。只不過，研究也告訴我們，事實上很少有教師把這個理想轉化為課堂教學實際。

這麼多人無法實施我們所相信的那種能幫助學生成功的回應式課堂教學，其中至少有一部分的原因是因為這樣的課堂教學實際看起來是什麼樣子的案例模式很少，而且我們很少有這種教學概念的個人經驗，導致的結果就是我們並不真的知道如何從我們大多數人現在的教學實務位置 A，走到我們大多數人希望達到的教學理想位置 B。

要朝此方向前進，值得嘗試的一步是看看差異化或回應式教學所必須具備的關鍵態度與技能。有這些組成元素擺在面前，至少我們就擁有了比較好的裝備，能夠衡估我們自己特有的教學優勢和需求，並且設定前進的軌道，堅持不懈的邁向「全力支持協助多元學業能力的學生成功學習」的課堂教學理想境界。

基本上，支持協助每一位學生的教師，至少擁有九種態度與技能：

- 建立對課程核心精髓的清楚了解。
- 承擔起協助學生成功的責任。
- 發展相互尊重的學習團體。
- 建立「什麼方法對個別學生有用」的認識。
- 發展有助於成功學習的教室管理常規。
- 幫助學生成為有效的夥伴，一起成功學習。
- 發展彈性的課堂教學流程。
- 開發拓展多元教學策略資源庫。

整合運用差異化教學和重理解的課程設計

● 針對課程目標和個人成長，反思自己的進步情形。

　　身為教育專業人員，我們在這些方面越精進茁壯，我們的學生就越有可能成為成功的學習者。但如果我們嚴重欠缺任何一方面的專業知能，可能就會導致學生學習的缺陷，至少對某些依賴我們的學生會產生不良影響。以下簡要檢視每一種態度與技能的意義，說明這種態度或技能為什麼對學生的成功影響重大，以及它在實務運作上會是什麼樣子。

》》 建立對課程核心精髓的清楚了解

　　在本書的許多地方，我們已經很明確的說明課程應該聚焦在重要的知識、理解和技能，使學生能夠針對某個主題或學科領域發展出紮實的意義架構。這個目標很重要，因為身為教師的我們會不斷精進我們的專業知能，持續調整自己對於「在某個主題或學科領域裡，什麼才是真正重要、具有影響力的核心精髓」的理解。這個目標很重要，因為我們沒辦法教導每一樣東西（而且更重要的是，學生無法學習每一樣東西），我們應該花費心思來教導最持久和最有用的東西。它很重要，因為教導一個主題或學科領域真正核心的精髓，可以發揮「表徵」這個主題或學科領域的作用，當學生在教室外被要求應用所學時，他們就能夠更有效率的思考更廣大的主題或學科領域。換言之，當課程聚焦在持久永恆的學科內容時，它本身就有自己的優點與價值。不過，清楚了解課程的核心精髓，對差異化或回應式教學之所以也很關鍵重要，其實還有另外一個原因。

　　課程目標應該是啟動差異化教學的跳板。身為教師的我，如果對於學生在上完一個單元或一課之後，確實應該知道、理解和能夠做到什麼，只有模模糊糊的概念，我還是可以實施差異化教學，但可能也只是製造出幾

團模模糊糊的學習迷霧。甚且，如果我不確定一個課程單元具體明確的學習結果（因此也不清楚某一課或一項作業成品要如何搭配這些結果），我就無法有效的預先評估學生跟這些結果之間的距離——因此我也就無法確定如何為這些精熟度各有差異的學生規劃學習之旅的起點。

現在許多教室裡的教師試圖「差異化」教學的做法是：相較於一般的學生，給學習困難的學生少一點事情做，給較為資優的學生多一些事情做。但是，對學習困難的學生而言，少做一點他們無法理解掌握的事情，其實並沒有幫助；對較為資優的學生而言，多做一些他們在開始這個任務之前早就已經理解的事情，也是沒有任何助益。當我們對於核心重要的學習結果欠缺清楚的了解，因而無法從一個有意義的基礎來開始差異化教學時，這種「多一些」或「少一點」的差異化做法就有可能會出現。

在有效的差異化教學班級裡，每一個學生幾乎都「擁有」相同的以理解為本（understanding-based）的強力目標。老師一開始會以這些目標來預先評估學生的精熟程度，有了這樣的學前評量資訊在手上，老師就可以協助某些學生發展補足繼續學習成長所必須具備的先備或初階知能的精熟度，同時也幫助其他學生進階擴展與這些目標相關的能力。更重要的是，老師擁有學生學習之旅的道路圖，在整個課程單元進行的期間，能夠指引形成性評量和調整教學計畫的方向——就像它也能指引這個單元的組織建構一樣。

教師對於以理解為本的教學目標的清楚了解，還有其他重大的差異化教學應用啟示：

- 當學習結果強而有力並且屬於班上每一個人的時候，老師就能夠跟學生們溝通班級課程活動安排（agenda）的重要性，討論每一位學生的能力對於這樣的安排可能做出的貢獻，以及透過這樣的安排大

整合運用差異化教學和重理解的課程設計

家能有什麼獲益。在創造一個肯定認同班上每位學生的學習環境之時，這是一個很重要的影響因素。

- 基於學科領域的重要概念和原則組織起來的課程，更有可能吸引學生投入，並將學生個別的生活經驗和興趣與課程連結起來。這很重要，能夠為各種不同的學生建立起關聯性，從而引發並提升他們的學習動機。

- 相較於大多以事實為主、線性編排內容進度的課程，基於持久大概念的理解來組織的課程，對學生而言學習的「進入點」比較有彈性，也就是說，學科領域的大概念有幼兒園版和博士班版，因此，對於擁有不同的背景、優勢、缺點和發展階段的學生，總是存在著一個機會，可以依據他們目前的需求和適合他們的複雜程度，去探究學科精髓的大概念。這種方式可以幫助我們避免掉入這個陷阱：認為學習有困難的學生應該將大部分的學習重點放在反覆練習事實資訊上，這是他們走向強效學習之前的先決條件——因此降低了對這些掙扎努力中的學生的期望，並認為這是為他們而做的差異化教學。這也能幫助我們避免另一個陷阱：為進階資優的學生差異化安排一些「消遣娛樂」的事物，而不是針對核心精髓的概念和技能提供能夠拓展提升他們專業層級的學習。因此，既要處理學生的準備度同時又要確保所有學生都能建構出理解一個學科領域的持久架構，豐富優質的課程是關鍵所在。

- 當老師清楚知道一課或一個單元的持久理解有哪些的時候，這位老師比較能夠運用自如的提供學生多種選擇，讓學生以適合他們學習風格的方式來探索和表現學習。這位老師在允許學生自己獨立學習或跟一位夥伴共學，或者運用比較發散而非聚斂的形式來表達想法之時，並沒有「放棄」任何東西。真正重要的是結果，通往結果的

途徑有很多，能有效幫助這個學生通往結果的途徑就可能是促進學生成功的一種助力，而不是阻力。現今大多數的教室裡，學生的學習風格有非常廣泛多元的差異，面對和處理這些差異是很重要的事。因此，雖然重理解的課程是設計學生應該學習**什麼**的最佳典範，但關於學生要**如何**學習的設計也是基礎必要的。

課堂場景

卡妮夫斯基老師跟她的三年級學生正在研究美國開始從東岸快速往外擴展的時期，人口往西部遷移的西進運動主題。這個單元的兩大持久理解概念是：改變涉及冒險，以及改變可能同時有正面和負面的效應。

在單元的學前評量，卡妮夫斯基老師收集有關學生在這個單元將會遇到的基本知識（例如字詞彙）和核心技能（例如讀地圖）的資訊。她也請班上學生寫一寫或畫一畫：（1）在他們的生活或家族成員的生活中，有關搬家或冒險的一次改變經驗；（2）從歷史上找出一個改變的例子，說明何時是正面的改變，何時是負面的改變。這部分的評量幫助她發展初期的認識，看看每個學生對於這個單元的兩大持久理解概念有多少程度的了解。老師並沒有給這些學前評量打分數，而是運用這些資料來決定誰在基本技能和知識上可能需要特別的幫忙。她也運用學生自己的故事，作為開始連結有關西部遷移的課堂討論和學生經驗的方式。此外，她也能夠看出來誰已經會運用以前在社會領域學到的原則，以及誰有困難無法做到這件事。這些學前評量資料幫助她有根有據的初步做出關於這個單元的作業任務和初期學生分組的決定。

這個單元有一部分是要班上所有學生模擬往西部遷移的旅程，一路上，每個學生都要記錄旅程的點點滴滴，並且反省思考各種事件（在老師的指導下）。關於單元兩大持久理解概念的探究，比較屬於具體思考的學

整合運用差異化教學和重理解的課程設計

生，要寫一系列的信給「在老家」的某個人，在信裡面——除了說說其他事情之外——他們要談談自己經歷了什麼樣的冒險，以及改變的正面和負面影響。至於已經比較可以抽象思考的學生，則要寫反思型的日記，同時檢視發生的事件以及他們對於這些事件的想法，深入探討這個單元的大概念。在這個班上還有幾個輕度智能障礙、有個別化教育計畫（IEPs）的學生，老師會跟這些學生合作，一起創造一條旅程拼被，用視覺圖像來反映冒險事件和改變的正負面效應。她也將 IEP 裡的字詞彙融入這些學生的作業當中，好讓他們可以在大家共享的意義脈絡當中發展所需的技能。學生們經常跟其他小組和全班同學分享他們的作品，也透過這種方式讓他們利用同學的作品來延伸、拓展自己的學習。

》》承擔起協助學生成功的責任

當然，我們大部分的人都了解，在學生的成功當中，教師的角色居於中心。然而，某些習慣也很容易養成，引誘我們逐漸淡忘了「當我們接受、承擔起協助學生成功的責任時，我們才是更好的老師」這個事實。我們試著發展出「好課」，而且我們試著「好好教這些課」，我們開始心安理得的接受了一種「我教得很好，所以他們應該學到了」的態度來面對教學工作。能夠承認並接受「如果有一個學生還沒學到任何一樣重要的事物，那就是老師教得還不夠好」這個事實的老師，是很不一樣的老師。如果有一個學生沒有成長進步——就算那個學生拿到一堆 A——那麼老師就是沒在教那個學生。

在一個有效差異化教學的教室裡，老師會堅守這樣的教育哲學：每一個學生都是由某個信任老師的人送到學校裡來的，他們信任老師會看見這個孩子的價值，每當孩子走進教室的門，老師會秉持負責任的服務精神來

引發學生的潛能。換言之，老師同意並接受這樣的前提：如果自己沒有確保這一天對這個孩子產生作用，它就可能是錯過、失敗的一天。

很顯然，學生對於學習也有應當負起的責任。事實上，老師的工作之一就是建立起一個學習環境，在其中，大家共同承擔彼此成功學習的責任，這是班級的倫理信念與生活實際。當然，如果家長在孩子的學習裡扮演積極主動的角色，學生的狀況會比較好一點，當一個學生來到學校時就帶著積極的動機和正向的行為，顯然是比較好，然而，在有效差異化教學教室裡的老師，不會容讓經濟、性別、種族、過去成就、缺乏家長參與或其他因素變成學生表現不如預期的藉口，老師會看到學生能夠達到的程度和能夠做到的目標，不會允許自己或學生以那些藉口降低期望而交出比較劣質的作品或學習結果。

在這樣的教室裡，老師相信自己必須：

- 想辦法認識每一個學生，透過這個方法來有效的教導學生。
- 以核心重要的學習結果為目標，持續不斷的評估、畫出學生們的學習進展地圖。
- 找到各種不同的教學方法和另類的學習途徑，以確保每個學生能夠持續成長。
- 堅持不放棄的向學生傳達這樣的訊息：如果今天某個重要的學習沒有發生或沒有產生作用，那麼明天、後天、大後天……，老師和學生都會回來繼續探討、研究，直到成功為止。
- 提供支持的系統，這些系統資源會持續不斷的向學生表明和示範優質的學習成果作品是什麼樣子，以及想要達成如此優質的成果需要付出什麼樣的努力。

課堂場景

帕莎雷拉老師班上有四個學生欠缺以前教過的數學技能，那些技能是學生們現在要很有信心的進行數學計算時必須具備的能力。有三個學生的表現顯示他們已經精熟這個單元結束時應達成的學習目標。在這一個星期，老師找到幾次的時間，熱忱認真的跟有困難的學生一起學習，幫助他們逐漸熟悉先前必備的理解和技能，她也利用一些替代性的家庭作業讓這些學生有機會做「補洞」的練習，填補他們數學概念裡的缺洞。同時，她很密切的跟他們一起學，以確保他們真的對新介紹的概念、理解和技能發展出基本的理解，免得他們繼續落後得更多。老師也和那些進度超前的學生進行小組會議，他們要完成一個比較長期的任務，必須整合運用他們各方面的數學理解，甚至要「創造發明」解決一個複雜、多步驟問題的新想法。在這個單元進行的任何時間點，只要這些學生展現出已經達成學習結果的能力，老師就會以長期的任務來取代那些要求他們反覆複習已知的作業，而且，這個任務也會要求他們延伸、拓展他們的數學知能，而非只是等待或「原地踏步」。

》》發展相互尊重的學習團體

一個一個的教室是一個一個的小宇宙，在這些宇宙裡，我們學習接納和欣賞彼此的多元差異——或者，我們學習厭惡和質疑這樣的差異。我們學習歡慶彼此的勝利與支持彼此的努力——或者，我們學習以各種方式來競爭，以至於我們傷害詆毀（而不是尊重榮耀）那些跟我們共享時間與空間的同學。

在一個差異化教學的教室裡，很關鍵的是學生們要能夠接納、最終並

能真切了解他們彼此的共通點和差異處。這個教室必須是每一個學生覺得安全（不會被視為失敗者、怪胎、被社會遺棄者，或只是代表一個分數），同時又受到激勵挑戰（變成最好的人，那就是我們來當學生的原因）的地方。全然尊重這個學習團體裡每一個成員的氛圍，會為團體裡每一個成員開啟各種可能性的大門。在差異化教學的教室裡，未必每個人都會成為最好的朋友，但非常關鍵的是要互相尊重的對待對方。

在這樣的教室裡的老師：

- 以滿懷尊重與正向期待的溝通方式來關注每一個學生。
- 發掘、肯定和善用每一個學生獨特的能力。
- 引導學生表達他們對於各種議題、決定和完成班級作業任務方式的多元觀點，並且重視他們表達的想法。
- 確定所有的學生都會經常被點名參與——不會讓特定的學生或小組主導整個課堂或完全退縮不必參與。
- 幫助學生找到具有建設性的彼此互動方式，並確實遵守做到。
- 設計能夠讓每個學生對小組工作都有重要貢獻的任務。
- 確保不同文化族群的語言、文化和觀點都能呈現在小組的重要工作或作品當中。
- 幫助學生反思他們對發展班級學習團體的貢獻的品質。
- 詢問學生對於如何在班上養成尊重態度的想法，並做出回應。

課堂場景

阿瓦瑞茲老師已經養成幾個很有幫助的習慣：他會邀請所有學生的家長參加重要的班級展覽活動，確保家長們知道當他們出席的時候，他們的孩子將會是聚光燈的焦點。他有辦法快速統計學生被點名回應的次數，以

整合運用差異化教學和重理解的課程設計

確定自己確實向學生傳達出「每個人都要對班級學習有所貢獻」的訊息。他經常將不同種族和語言團體的學生所貢獻的想法納入他和學生們正在研究的課題當中。他常常依據學生不同的興趣和優勢進行分組，因此他提供給不同小組的任務也會善加利用每個學生的能力。他非常重視研究不同學生的文化，好讓他能夠持續深入了解不同學生的經驗。

》建立「什麼方法對個別學生有用」的認識

在有效差異化教學教室裡的老師，是獵人與收集者，不斷搜尋與收集有關什麼方法最能夠促進每個學生學習的資訊。這樣的老師相信，每一份新的資訊都有助於增進自己看見和了解如何更有效的跟某個學生互動、如何教學。

在這樣的教室裡的老師：

- 安排機會跟個別學生一對一的溝通討論。
- 收集累積有關學生的興趣、夢想和志向抱負的資訊。
- 努力去了解每個學生學科學習的優勢和弱點的剖面圖。
- 努力去了解學生個人之間和小組之間必然會存在的學習風格差異。
- 觀察學生獨立作業、小組學習和全班上課時的狀況，目的在於研究促進或阻礙個別學生、小組和全班學習的各種因素。
- 創造機會讓自己可以從家長、監護人和社區成員那邊更了解學生。

課堂場景

卡莉森老師整學年都持續在做學生的觀察筆記，她有一本筆記本，每一個她教導的學生都有一頁紀錄，按照班上學生名字的 ABC 字母順序排

列。偶爾當學生獨自學習或在小組裡共學的時候，她會到處巡視，觀察他們正在做什麼，並且在便利貼上快速記下有趣的觀察。在一天結束之際，她把標上日期的便利貼貼到屬於那些學生的筆記頁上。她也會運用筆記頁來記錄從家長那邊得來的相關見解、學生對她說的一些她想記住的話語。在學年的某些關鍵時刻，她會發給學生正式的興趣和學習風格調查問卷，並把這些問卷的結果記錄在筆記本上。她總是很訝異這本筆記本怎麼會裝滿了那麼多的資訊，即使學期只進行到第一次段考結束而已。而且，她也不斷驚訝的發現：要是沒有把這些資訊寫下來，自己會遺忘得多快呀！

》 發展有助於成功學習的教室管理常規

　　要掌控每日教室行事常規的所有元素是很困難的——即使是在全班學生幾乎都是整體一起行動的教室裡也是一樣。各種指令都必須寫在黑板上；許多文件必須保管、派發再收回來；學生的作業必須收齊檢查或歸檔；而在此同時，總是有某個學生需要某些幫忙。教室裡的工作花樣百出，再加上這些工作的頻繁程度和輪流循環，是造成教學工作如此累人的主因之一。

　　即使在期望每個學生在相同時段都是做同樣事情的教室裡，老師還是很難做到所有需要做的事情，而且，老師永遠都會擔心學生有沒有坐好、注意聽、行為是否良好。在剛開始當老師的生涯中，教學成功與否的定義幾乎是看你有沒有能力將作業或文件資料好好繳回，而且沒有學生爆發突然的行為問題。

　　但是，在差異化教學的教室裡，甚至沒有期望每個人要完成同樣的事情、使用同樣的文件資料，並且在同樣的時間限制內完成。實際上，你已經無法運用「講臺上的控制力」來經營班級，因此，發展出一個讓學生擔

負起自己學習的角色，學習自主管理自己、自己的工作和成就的教室常規系統，就不只是一個理想，而是必須做到的事情。

事實上，要處於任何教室情境的老師單獨一個人做完教室裡所有需要做的事情，這是不必要也不明智的。不只是因為學生有能力做到教室裡的許多常規性的工作，而且他們也會因為承擔起這樣的責任而受益匪淺，他們會越來越認識教室裡的運作機制，變成更加獨立的思考者和解決問題的人，更能成為一個團隊裡努力幫忙的一份子，而且他們會發展出對整個班級的學習結果更加負責的態度、更為自主的行為。再加上老師會因此從這些管理雜務中解放出來，得以善用他（她）的教學專業能力好好幫助學生。差異化教學的教室需要每個人的自願支持，盡其最大的努力來確保班級運作順利。

在這樣的教室裡的老師：

- 能夠清楚的想見「教室運作順利時應該是什麼樣子」的圖像。
- 建立起對於教室常規順利運作的高度期望，因為這是促進學生成長的一個重要因素。
- 研究教室常規的運作機制，確保對個別學生、整個班級和所有任教老師都是有用、好用的。
- 跟學生一起討論發展出一套有效的教室運作規則及其理由依據。
- 清楚訂出成功達成各種學習角色和工作任務的評量規準，作為持續評估進展的基礎。
- 從學生身上收集資訊，了解哪些規則對學生個人和小組運作有幫助，哪些規則反而有害無益。
- 尋求學生對於如何讓班級運作得更有效的建議。
- 在任何可能的時機或場合，邀請學生幫忙示範、展現教室常規的

功用。

- 協助學生有效果又有效率的展現、發揮這些功用。
- 確保每個學生都參與，一起讓班級運作得更好。

課堂場景

康納利老師在開學的第一週開始了跟學生們的對話，談論他們需要什麼樣的班級規則和常規，才能幫助每一位學生成功超越對自己的期望。後續整個學年，「學生成功」這個目標一直是建立和評鑑教室運作程序規則的基準點，學生提出各種關於班級常規應該如何運作的建議，康納利老師把這些程序正式定型，在施行之前跟學生一起檢視內容，並且請學生和他一起反思這些程序規則是否真正能夠有效果又有效率的幫助他們學習，同時也和他們分享他的種種觀點。整個學年，他們持續一起琢磨、改善這些班規。他常常對學生和同事說，這麼多年來，學生們教了他好多關於有效班級領導的能力。

》》 幫助學生成為有效的夥伴，一起成功學習

在差異化教學的教室裡，重要的不只是學生成為教師的夥伴，一起讓教室有效的運作，同樣關鍵的是學生們必須逐步發展、更能覺察自己的學習目標和需求，並能夠有效的表達和討論這些需求，在處理和滿足這些需求上扮演好自己的角色。同樣的，在差異化教學的教室裡，之所以要幫助學生養成有效記錄追蹤自己邁向成功的進展狀況的能力，有一個比較普通的原因，也有一個比較特殊的原因。

一個人的教育，其中一部分當然是逐漸發展出對於自己優缺點的掌握與成熟度，了解什麼會促進和阻礙自己的學習，能夠設定個人的學習目標

並監控自己是否達成目標等等。老師若沒有幫助學生在這些方面變得獨立自主，等於是沒有幫助學生成為他們必須成為的終身學習者，而在越來越複雜的世界裡，學生要能夠成功，終身學習的能力是不可或缺的，老師若沒做到這件事，就是老師的失敗，未能幫助學生變得更全人的失敗。

在差異化教學的教室裡，老師必須幫助學生在學習上越來越獨立自主，也是因為老師需要為不同學生提供不同的支持協助，如此才能盡最大可能促進學生的成長。所以老師不能夠假定每個人永遠都要閱讀同一本書、回答同一個問題，或接受同一種幫助。在由許多人構成的教室裡，越來越重要的是這些人必須參與打造自己成功的歷程，他們必須說出這件工作對他們而言是太難還是太簡單；他們必須能分辨得出來相關學習工作的安排是比較有建設性的還是沒有多大幫助的；他們必須能夠判斷何時自己在往前進、何時受到了阻礙；在老師為全班設定的目標之外，他們也必須能夠設定自己個人的目標。當學生發展出這幾類的能力，老師成功的可能性隨之增加，學生也是。

在這樣的教室裡的老師會做以下的事情：

- 幫助學生理解、接納他們之間的差異，而且最終能夠因為這些差異而獲益良多。
- 培養學生對自己特殊的長處優點有越來越多的覺知與認識。
- 解釋說明拓展學生的長處優點的好處。
- 幫助學生認識自己的缺點弱勢。
- 提供學生可以補救或補償缺點弱勢的方法。
- 引導學生認識與發展關於學習偏好（learning preferences）的字詞彙概念，並且運用這些學習偏好來促進他們的學習成長。
- 要求學生反思自己的成長，想想促進這種成長的因素，以及下一步

可以如何確保自己持續成長。

- 協助與支持學生設定個人的學習目標，並監控是否達成目標。
- 提供機會讓學生跟他們的家長或監護人談談他們的成長和目標。

課堂場景

雅戈碧老師替全班建立了一些學習目標，這些目標通常是從州政府和地方學區對她所教的年級和學科的要求而來。不過，從學年的一開始，她就跟學生討論設定個人目標的必要性，有時候，這些目標讓學生能夠督促自己更進一步發展他們的天賦能力和興趣喜好；有時候，這些目標能讓學生好好努力處理他們覺得困擾的領域。在學年初期，她會提供一些設定目標的文字範例，隨著學年進展，學生越來越能自在發展自己的目標，不再需要運用老師或同學的模式。只要有時間，雅戈碧老師也會跟學生個別面談，要求他們和她一起分析某一項作業或作品，並依據對話內容，引導他們設定目標。她班上的學生已經很習慣同時運用老師和他們自己設定的元素和指標來當作評量規準，監控自己的學習進展狀況。

》 發展彈性的課堂教學流程

也許，最能定義差異化教室的問題是：關於這個，我還能想到另一種方式嗎？是什麼方式呢？因為差異化教室的基本前提是不同的學生以不同的方式學習，所以教學實務做法反映這種回應式教育哲學的老師會持續尋找多元的思考方式，關於時間、學習素材、作業任務、學生分組、教師引導教學法、空間、評分等等的不同方式。簡而言之，要打造讓每個學生都能好好學習的教室，除了不斷繼續尋找另一種方式之外，別無他法。

在這樣的教室裡的老師會採取以下的行動：

- 允許學生以不同的學習步調來學習。
- 收集不同閱讀難易度的基本教材和補充教材，這些教材反映著不同的文化、與不同的興趣連結，並以不同的模式呈現（例如：聽覺語音和視覺圖像）。
- 實驗嘗試多種重新安排教室課桌椅設備的方式，排出全班、小組和個人學習的空間。
- 變化學生的分組方式，除了能夠滿足學生準備度的需求之外，也能夠讓學生跟興趣相同和不同的同學、學習風格相同和不同的同學、隨機分組、老師選定的組員和學生自選的組員一起合作學習。
- 經常定期的根據評量所得知的學生學習需求，進行全班教學、小組教學和個別教學。
- 以多元方式進行教學，以照顧學生不同的準備度需求、興趣和學習偏好。
- 確保給學生的評分能夠說明學生個人的成長進步，以及在達成特定學習結果目標上，學生目前所在的相對位置。

課堂場景

　　雷門老師多年來都很習慣於對他的高中學生講解學科內容，他的講解總是以邏輯推理的方式來呈現訊息，他假定學生會跟著他的思路走，並且跟著他呈現的內容歸納出關於重要主題和議題的結論。慢慢的，他發現，當他在演講裡融入模擬示範、說故事和視覺圖像時，越來越多的學生專注投入在課堂裡。現在，他會提供組織圖表給學生，因為學生覺得這些組織圖表能幫助他們記錄分析關鍵的想法和支持的例子。他越來越常停頓下來，好讓學生參與重要概念理解的討論。現在雷門老師在課堂一開始就會指出這節課所講解的核心概念，這對許多學生是很有幫助的事，因為對這

些學生來說，在進入細節之前能先看到大局全貌，非常有助於他們的理解。

》》 開發拓展多元教學策略資源庫

一個教室裡若是只有一或兩個教學策略在主導，就好像餐桌上只上一、兩道菜一樣，就算這兩道菜煮得很好吃，但是對於那些必須每天吃的人而言，還是會變得很單調乏味。

當老師能夠嫻熟自在並恰當的運用一堆教學策略的時候，學習任務就會變得更能吸引學生投入，為教室注入多元、新奇和驚喜的成分，而且在達成特定的學習目標時，某些策略會比其他策略更有效用，手中握有許多教學策略工具的老師更有能力為該學習目標找到適合的工具。

在差異化教學上，教學策略還有另一個重要性，就是擁有許多教與學的方法，讓老師有足夠的靈活度可以伸出援手、幫助各式各樣的學生。有些學生總是會偏好某些教學策略勝於其他的策略，老師若能經常使用不同的策略，就比較有可能連結上不同的學習需求，以適合不同學生的策略來教導他們學會學科內容。除此之外，透過仔細觀察學生們在各種教學情境下如何學習與工作，老師可以持續發展洞見與了解哪些策略對哪些學生是最成功的，以及哪些策略對全班學生是最合適的。

在這樣的教室裡的老師：

● 在向全班呈現講解時，以及在學生積極投入學習時，運用多種教學策略。

● 運用各種策略來讓自己能夠處理與滿足學生在準備度、興趣和學習風格上的不同需求。

整合運用差異化教學和重理解的課程設計

- 引導學生了解如何有效的運用教學策略來學習與工作。
- 幫助學生反思哪些策略對他們很有用、為什麼會有用，以及這樣的情形透露了自己是一個什麼樣的學習者，幫助學生更了解自己的學習風格。

課堂場景

　　卡司特藍諾斯老師教中學科學，他經常運用好幾種策略來幫助學生的閱讀和寫作發展。當他向班上學生介紹教科書裡的新章節時，他會引導學生先瀏覽整個章節，注意他所說的「重要地標」——這一章的組織架構、粗黑體標示的項目、重要的圖表、有趣的照片等等。他要求學生在閱讀時心中要有一個特定的目的，並在瀏覽一整章之後，常會要求學生幫忙一起設定這個目的。接下來的討論焦點不只放在文本裡的重要概念想法，也放在學生如何運用這個文本來建立起這些理解。他運用放聲思考來示範給學生看要如何仔細思考與閱讀複雜的段落，他經常提供學生相關的組織圖表，讓學生從中選擇使用，作為聆聽老師的講解以及自己閱讀教科書、補充資料和網路素材時的輔助工作。更進一步，他確保自己每一節課對全班的講解說明，至少都會運用兩種或三種的呈現方式——例如，示範、口頭說明、想法的圖像表徵或是文字書面資料。他也會確認自己有提醒學生他們正在學習的「大局全貌」（big picture）的意義，並且提供關於這些主題的細節。此外，他經常運用小組教學方式，讓自己能夠處理班上每一群學生的特殊需求和不斷改變的需要。

　　學生進行學習任務時，他通常會讓他們自己選擇獨立工作或跟別人合作。隨著學年的進展，他向學生介紹四種以學生為中心的教學方法，這些方法對於他所教年齡層的學生和這個學科領域似乎挺有用的，同時也能滿足他班上學生的多元學習需求組合。他運用學習契約和分層式作業，讓學

生能夠依自己的準備度層級來學習；他也運用不同準備度的異質分組方式，讓學生進行合作式的辯論，幫助他們探討學科裡的重要議題；並且運用多元智能教學法，鼓勵學生使用自己覺得有趣又有效的方式來表達、展現他們的學習成果。

針對課程目標和個人成長，反思自己的進步情形

教室裡的學習是動態而非靜態的，昨日三位學生的膠著點可能成為明日的勝利，甚至連學生的興趣和學習方法也會隨著時間和情境的改變而逐漸發展演變。

在有效差異化教學的教室裡，課程的基本核心概念可以在不斷變化的汪洋中提供一種定錨的依靠。老師並不會期望所有的學生進入教室時都擁有相同的技能、學習風格或需求，實際上，老師已有萬全的準備，既要好好處理學習的落差，也會滿足加速學習的需要。

不過，每個單元所找出來的基本核心知識、理解和技能，仍然是衡量學生學習進展的基準指標。老師持續不斷的評估和記錄每個學生的位置，距離這些共同的核心目標有多近或多遠，但與此同時，老師也依據學生自己特殊的學習剖面圖來追蹤個別學生的成長，例如，一個學生可能因為某些學習困難而導致他難以完全精熟該年級的所有技能，但仍然應該展現出他已經從他最初的起點向前邁進，有了顯著的成長。同樣的，原來早已精熟關鍵技能的學生，也應該展現出超越這些基本要求的成長與進步。

每一個學科領域，從學校教育伊始，就開始了它的學習軌道，這軌道繼續往前，直到高中的最後一個小時結束後仍然持續下去。差異化教室裡的老師了解學生學年行事曆上規範的特定年級程度的那一段學習軌道，也了解教室裡的學生們在實際生活上是處於學科學習軌道的不同區段範圍，

整合運用差異化教學和重理解的課程設計

而且老師會設法同時處理這兩種學習進程。

在這樣的教室裡的老師會：

- 運用學前評量的資料來開始為全班共同的學習目標以及學生個別的學習需求做規劃設計。
- 運用持續的形成性評量來確保教師的教學盡可能密切配合學生的學習需求。
- 記錄追蹤學生的成長，以全班共同的學習目標來檢視學生有什麼進展。
- 觀察個別學生的成長，以學生個人特殊的學習剖面圖來檢視他有何學習進展。
- 邀請學生一起參與個人目標的設定，並且評鑑自己朝這些目標邁進的進展情形。
- 持續不斷的反思個人和群體的成長情形，以調整教學方式，為個別學生和全班學生帶來最大的利益。
- 幫助家長了解學生個人的成長，以及相對於全班共同目標，學生現在是站在什麼位置。

課堂場景

藍帕絲老師透過學前評量和持續觀察學生的工作情形，了解到班上學生的寫作能力精熟度有頗大的差異，有些學生可以輕輕鬆鬆就寫出超越年級期望水準的作品，而有些學生則是連要在紙上寫出簡單的想法都格外痛苦掙扎。目前，所有學生都在練習如何發展文章裡的主要想法，學生必須能夠選定一個議題，發展一個寫作計畫來寫出有關這個議題的重要內容，而且為了證明與支持自己對這個議題的觀點，他們必須提出理由和有關這

些理由的細節。全班學生一起探討文章寫作的目標和指導原則。

　　為了協助寫作上有極大困難的學生，藍帕絲老師在小組裡跟他們一起腦力激盪可能的議題、研擬出一個議題裡有哪些重要的想法、發展出一個立場或主張、列出他們之所以會有這些想法的原因理由，並且提出他們思考的細節。這些小組裡的學生可以運用小組討論產生的寫作計畫作為基礎，寫出他們自己的文章，也可以發展自己的議題、計畫、理由和細節。

　　藍帕絲老師也跟能力超前的寫作者進行小組會議，在這個場合，她挑戰學生要針對他們所選擇的議題，發展出多元的觀點，要為他們的立場或主張提出最具說服力的理由，並且運用最有力的細節和文字詞彙來表述他們的想法。

　　在寫作和編輯修改的過程中，所有的學生都有機會跟同學切磋討論他們的想法，藍帕絲老師也會在一旁提供過程中的回饋，給予學生個別的指導。她設計了一張檢核表，列出跨幾個年級的關鍵寫作能力項目，並在上面註記學生的能力進展，這個方法讓她能夠注意到某些學生的需求，評估測量每個學生現在距離年級寫作指標的相對位置，並且看到學生從原來的起點走到現在，已經有多少成長。

總結這一切的重要共識

　　世上並沒有所謂完美的一節課、完美的學校一日或完美的老師。對於老師和學生都一樣，目標並不是完美，而是堅持不懈的追求對重要事物的理解。

　　差異化教學或回應式教學真正的源頭，是肯定的回答以下三個問題──以及非常堅定執著的決心，一定要在我們的教室裡落實做到這些的決心，今天一定要做得比昨天更好一點的決心。

1. 我們是否有足夠的意志力和能力去承擔起我們對於自己所教的各種不同學生的責任？
    - 要與學生發展出正向的情感連結關係，以鼓勵他們成長進步。
    - 要看見學生的夢想和面對人生的不確定性。
    - 要研究和回應學生的文化。
    - 要跟學生一起努力建立正向積極的學習團體。

2. 我們是否擁有一個願景，能夠想見高品質學習的力量可以如何幫助年輕學生創建他們的人生？
    - 要知道學科領域裡真正重要的是什麼。
    - 要確保學生能理解最重要的學習目標。
    - 要發掘對個別學生而言，他們覺得有個人關聯、有吸引力的學習是什麼。
    - 要激發學生對學習的投入與熱忱。

3. 我們是否願意擔任橋梁的角色和工作，為我們所教的學科內容和多元不同的學生之間搭建起各種可能性？
    - 要找出學生的優點和缺點。
    - 要發展彈性靈活的教學常規。
    - 要為多元不同的學生需求創造多元不同的學習選項。
    - 要成為指導學生邁向成功的教練。
    - 要密切記錄監控個別學生針對目標所展現的成長情形。

這就是專業教學的本質，它會讓我們的工作和我們的職涯發光發熱——甚至也會讓我們所教的學生發光發熱。

再學多一點……

有許多極好的教學資源，介紹更多可協助多元學生學習的教學策略。以下列出幾個資源供參：

● **Instructional Strategies Online（Saskatoon Public School Division）**
http://olc.spsd.sk.ca/DE/PD/instr/instrsk.html
加拿大薩克其萬省薩克屯公立學校部門的教學策略線上專頁。[譯註]
提供關於概念圖、組織圖表、拼圖式教學法（Jigsaw）、學習契約、文學圈、寫作角色─觀眾─格式─主題（RAFT）、讀者劇場（Readers' Theater）、讀者回應筆記（response journals）、結構性議題辯論模式（structured controversy）、故事地圖（story mapping）、分合法／類推比擬法（synectics）、思考─配對─分享（Think-Pair-Share）、網路探究法（Web quests）、字牆法（word walls）及其他策略的資訊。

● **University of Virginia, Curry School of Education Reading Quest**
http://www.readingquest.org/a-z-strategies.html
維吉尼亞大學柯里教育學院之閱讀探索專案網站。
提供輪盤式腦力激盪法（carousel brainstorming）、夥伴時鐘（clock buddies）、表格欄位筆記法（column notes）、組織圖表、歷史架構圖（history frames）、探究表（inquiry charts）、已知─想知─學習新知（KWL）、意見─證明表格（opinion-proof）、質詢作者（ques-

---

譯註：此網頁已遭移除，建議搜尋 Instructional Strategies Online，可於此網址下載相關教學策略介紹：http://www.minnesotanlsa.org/uploads/9/0/3/8/9038639/inservice_topics-instructional_strategies_online_mlhs.doc

tioning the author）、RAFTs、選擇性畫重點（selective highlighting）、思考—配對—分享、3-2-1 總結摘要法（3-2-1 summaries，3 樣你的發現—2 件有趣的事物—1 個你還想問的問題）、字詞彙聯想圖（word maps）和其他策略。

- **English Companion Web Site（Jim Burke）**

  http://www.englishcompanion.com

  Jim Burke 的英語教學夥伴網站。

  提供多種組織圖表來幫助學生思考和理解大概念，運用圖像讓學生投入思考，示範法、結構式合作學習、動手學、交互教學法，執行教學的多元工具，運用學生的例子，讓學生參與評量，運用視覺輔助來提升教學效果，視覺圖像化思考，以及其他策略。

- *Fulfilling the Promise of the Differentiated Classroom: Strategies and Tools for Responsive Teaching* by Carol Ann Tomlinson（ASCD, 2003）

  《實現差異化教學的承諾：回應式教學的策略與工具》，Carol Ann Tomlinson 著，ASCD 2003 年出版。

  本書有一整個工具箱的教學策略案例，可運用來讓各式各樣的學生參與投入重要概念想法和持久性理解的學習，包含：學習風格調查表、興趣調查表、技能項目檢核表、評量規準指標、學生計畫指引、一步步操作的檢核表、概念牆（concepts walls）、概念圖、同儕評閱指引（peer review guides）、學習菜單（learning menus）、評鑑檢核表、思考九宮格（Think-Tac-Toe）、RAFTs、分層式活動或作業（tiering）、複合式教學（Complex Instruction）、思考點（ThinkDots）和其他策略。

- *Time for Literacy Centers: How to Organize and Differentiate Instruction* by Gretchen Owocki（Heinemann, 2005）

  《語文學習中心時間到：如何組織和進行差異化教學》，Gretchen Owocki 著，Heinemann 2005 年出版。

- *What Are the Other Kids Doing While You Teach Small Groups?* by Donna Marriott（Creative Teaching Press, 1997）

  《當你進行小組教學時，其他學生在做什麼？》，Donna Marriott 著，Creative Teaching Press 1997 年出版。

- *Winning Strategies for Classroom Management* by Carol Cummings（ASCD, 2000）

  《班級經營的雙贏策略》，Carol Cummings 著，ASCD 2000 年出版（中文版由遠流出版公司出版）。

5

在多元差異的教室裡，
考量學習的證據

學習的證據應包括哪些？理解的證據又有哪些？

我們可以如何差異化處理學生的評量方式，又不會犧牲評量的
效度和信度？

我們如何能夠堅持標準但又不會變得統一標準化？

評量如何能夠促進學習，而非單純只是量測學習？

任何關心教與學的人，自然都會對評量感興趣。評量提供我們證據，
去回答重要的問題：「學生學會了嗎？」、「學生理解到哪種程度？」、「我
可以如何調整我的教學，才能對各種不同需求的學生產生效果？」逆向設
計將第二階段（決定可接受的證據）放在第三階段（計畫教與學的活動）
之前，這個邏輯清楚指出了「像評審一般的思考」的重要性。透過預先思
考我們需要收集哪些評量證據來證明學生已經達成期望的學習結果，教學
會變得更有目的也更聚焦。同時，因為清楚知道證明學生達成期望結果的
證據有哪些組成成分，老師就擁有一個始終一致的整體架構，可以在其中
依據學生的學習準備度、興趣和學習偏好來做各種調整。

有效評量的原則

以下三個關鍵原則應該影響並指引教室裡的評量，我們現在來探討它

們的概念基礎，並想想每個原則如何實際應用在多元學業能力的教室裡。每一個原則都提出一個理論基礎（rationale），說明為何及如何在各種最好的評量做法裡關照學生的多元差異。

》》評量原則一：想想是相簿還是快照

評量是一個過程，我們透過評量所得的資訊來推論學生知道什麼、理解什麼和能夠做到什麼。雖然，教育者有時候會鬆散的談論某個評量方法是否有信效度，但事實上，評量的結果能夠產出多麼有效、可信的推論，有賴於更精確的評量概念。因為所有的評量形式都有其內在的測量誤差，所以如果我們考量一種以上的評量結果，我們的推論也會變得比較可靠。換言之，可靠的評量需要多元的證據來源。

請用照相的類比來思考這個原則。一本相簿通常會包含一段時間裡在不同情況下所拍的許多張照片，整體來觀看時，這本相簿會比任何一張快照更能精準的呈現某個人的「真實面貌」。教室裡的評量也是一樣，相較於一系列多種來源證據的收集，在教學結尾的單一一次考試比較不可能提供一個學生學習的完整面貌。

專業評量專家（心理測量學者）都了解這個基本的評量原則。例如，專門出版標準化測驗的 CTB/McGraw-Hill 出版社的副總裁 Michael Kean 博士（1994）就曾經說：「多元評量是基本必須的，因為沒有任何一個測驗可以測量出所有的能力。所以，不管一個測驗有多好，它都不應該成為做出某個決定的單一標準。」

遺憾的是，北美洲大多數由政治力驅動的績效評鑑系統都是依賴「應急粗糙」的標準化測驗（提供一張快照而非一本相簿），作為評斷學生、學校和學區的基礎。標準化測驗本身並沒有什麼錯誤，它們能夠提供有關

整合運用差異化教學和重理解的課程設計

學生在易於測驗的學科內容目標上的成就等級的資訊，這樣的資料是有用的、可以相互比較的。但問題出在於**單一**測驗的結果被用來做高風險或高利害關係的決定的時候。大量的研究文獻證明，一張快照式績效測驗的廣泛使用造成了不良的影響，包括以下這幾項：

- 提高測驗分數的壓力可能導致課程逐漸窄化到只注重測驗會考的主題，以及過分強調「為考試做準備」而犧牲了有意義的學習。
- 無法在大規模測驗情境底下輕易又價廉的測出結果的重要教育目標（例如：口語溝通、做決定、研究能力、藝術表達等等），如果未被列入評量的話，很可能會被忽略或遺忘。
- 大多數大規模、「一體適用所有人」的測驗都跟我們所知道的學習原理相違背（亦即，並不是每個孩子在相同的時間都以相同的方式學習）。
- 支配主導的測驗形式（選擇答案的題型）有利於回憶和再認能力佳的學生。有些高壓力的測驗將閱讀能力放在首位，對於父母並非說標準英語（官方語言）的學生和身心障礙的學生來說，這些測驗結果呈現的可能是扭曲了他們學習成就的樣貌。

過度依賴單一測驗作為推論學生學習成就和做出高風險決定的基礎，在心理測驗上是不夠健全的做法，在政治上是太過冒險的行為，最近一些測驗方面的醜聞即是證明（Hendrie, 2002; White, 1999）。不過，我們的重點並不在於指出績效測驗的缺陷，而是想要探討我們可以掌控和影響的評量面向——那些我們在教室、學校和學區裡使用的評量。

教室是應用「評量即相簿」（assessment as photo album）最可行也最自然的情境，我們確實有許多種教室評量方式可以用來收集學習的證據（McTighe & Wiggins, 2004）：

- 選擇答案形式（如：選擇題、是非題）的隨堂小考和段考測驗。
- 書面或口語回答相關的學科提示（簡答題形式）。
- 表現型評量任務，產出：
    - 延伸的寫作產品（如：文章、實驗報告）。
    - 視覺圖像作品（如：PowerPoint 簡報、壁畫）。
    - 口語表現（如：口頭報告、外文對話）。
    - 示範操演（如：體育的技能表現）。
- 長期的、「真實的」專題計畫（如：高年級學生的展覽）。
- 學習檔案或作品集（系統收集學生某段時間內產出的作品）。
- 反思日記或學習筆記。
- 非正式的、持續性的學生觀察，如：教師筆記、追問問題、退場卡、快答速寫（Quick-Writes）。
- 運用可觀察的指標或標準檢核表進行正式的學生觀察。
- 學生的自我評量。
- 同儕評量檢核和同儕回應團體。

在計畫評量方式時，請想想圖表 5.1 的「相簿」組織圖，這個圖說明了如何運用多元來源的證據來評量學生是否達成某一項重要的學科內容標準，而這裡的例子是算術問題解決。雖然我們並不是建議我們所教的**每一樣東西**都需要多元評量，但我們相信對於重要、「核心且持久」的目標，絕對需要超過單一一項的證據來源。這樣的建議可能意味著：在關鍵的評量項目上，我們要提供不只一種形式的選擇；當然這也代表在一個學習單元進行的過程中，我們要變化多種評量形式的選擇。很明顯的，這兩類做法在學生學業能力有多元差異的教室裡是非常重要的，如此一來，不同的學生才能盡其所能的以不同的形式展現他們的知識、理解和技能。

整合運用差異化教學和重理解的課程設計

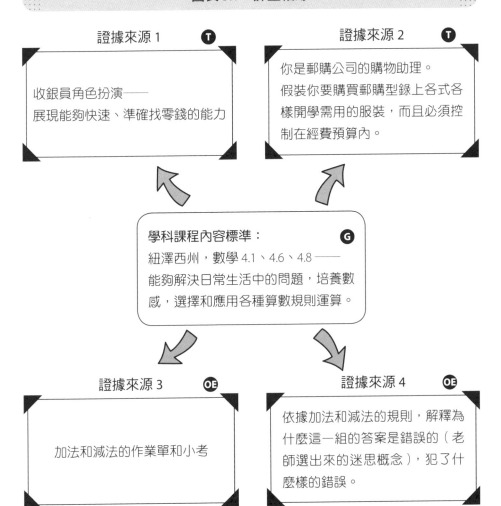

證據來源 1　Ｔ

收銀員角色扮演——
展現能夠快速、準確找零錢的能力

證據來源 2　Ｔ

你是郵購公司的購物助理。
假裝你要購買郵購型錄上各式各
樣開學需用的服裝，而且必須控
制在經費預算內。

學科課程內容標準：　Ｇ

紐澤西州，數學 4.1、4.6、4.8——
能夠解決日常生活中的問題，培養數
感，選擇和應用各種算數規則運算。

證據來源 3　ＯＥ

加法和減法的作業單和小考

證據來源 4　ＯＥ

依據加法和減法的規則，解釋為
什麼這一組的答案是錯誤的（老
師選出來的迷思概念），犯了什
麼樣的錯誤。

資料來源：引自 *Understanding by Design Professional Development Workbook* (p. 146), by J. McTighe and G. Wiggins, 2004, Alexandria, VA: Association for Supervision and Curriculum Development. Copyright 2004 by ASCD.

這個組織圖對個人做評量計畫很有用，不過事實證明它用在團隊計畫時特別有價值。如同我們在第三章所建議的，逆向設計的邏輯要求學習的證據（第二階段）必須是從期望的結果（第一階段）衍生而來，而這個邏輯同樣也適用於整個年級的老師和部門團隊的工作上。在標準本位的教育裡，真正落實見真章的關鍵點是評量，除非我們彼此都同意期望的目標是哪些以及達成目標需要的評量證據是什麼，否則無法宣稱我們是真正依據課程標準來進行教學。透過與同事合作討論學生達成期望目標時會是什麼樣子，並凝聚出共識，教師們乃能**跨教室**與**跨學校**的實現更統整連貫的課程、更信實可靠的評量，以及更精準一致的評分和成績報告系統。

納入多元評量方式是重要的，這不只是從學習評測的觀點來看，更重要的是對各種不同學習者的敏感覺察。因為不同的學生在表現他們所學的方式上各有不同的偏好，所以提供多種不同的評量類型可以增加學生發揮自己長處來進行學習的機會，最終也能夠提高他們成功的可能性。就像司法系統一樣，我們需要「證據優勢」（preponderance of evidence）來判定學生的學習！到最後，當我們確定我們使用的評量類型確實可以有效提供某些特殊學生的學習成就證據之時，我們評估判斷學生成就的信效度也會跟著提升。

》 評量原則二：評量方式必須搭配目標

一項評量若要讓人能夠從評量結果引出有效的推論，它就必須針對預定的目標提供一個適當的測量方式。因此，第二階段評量證據的思考，絕對不能缺少第一階段期望結果的仔細思量。我們發現，思考區辨這三種類型的教育目標是有用的：（1）**陳述性知識**（declarative knowledge）──學生應該知道和理解什麼；（2）**程序性知識**（procedural knowledge）──學

整合運用差異化教學和重理解的課程設計

生應該能夠做什麼；（3）**特質傾向**（dispositions）——學生應該展現什麼態度或心智習性（Marzano, 1992）。這三種類型可以直接應用到我們如何教學和評量的方法，舉例來說，如果我們想要看看學生是否知道乘法表或化學符號（**陳述性知識**），那麼客觀的考試題目，比如選擇題、連連看、是非題或填充題，就能以省時有效的方式提供適當的證據。當我們想要檢核學生是否精熟過程技能，例如畫畫、寫作或開車（**程序性知識**）等等，那麼就需要某種實作表現評量。至於**特質傾向**，例如「對藝術的欣賞」或「堅持毅力」，就必須透過一段時間的觀察、樣本例子、學習檔案作品和自我評量來收集證據，畢竟，針對「堅持毅力」來個小考，並不是評量這個目標的恰當方式。

在差異化教學的教室裡，關注學生在這三類目標上的精熟度是有其特殊意義的。比方說，一個單元在進行時，有些學生在程序性知識（技能）上需要額外的支持協助，但在陳述性知識上（知識和理解）卻進展得很順利；但同一段時間裡，其他學生的學習表現卻是相反。如果老師想要運用評量資料來規劃教學計畫的地圖，那麼很重要的是這些資料必須能提供學生在基本核心的知識、理解和技能方面有哪些優點和需求的資訊。如果沒有運用這種顯示學生個別學習表現的資料，我們等於是允許自己以「一體適用所有人」的方式來教學——要求某些學生做到不可能的任務，同時又教導某些學生他們早已知道的東西（Taba & Elkins, 1966）。此外，有關學生的特質傾向或心智習性和工作情況的資料，也能讓我們深入看見為什麼某個學生在某段時間裡能夠（或不能夠）持續成長進步。而且，在差異化教學的教室裡，學生特質傾向的評量資料在報告學生的學習進展方面是很重要的，這個話題我們將會在第八章進一步討論。

目標的多元性意味著我們應該在評量「相簿」裡納入許多不同的評量照片，要做到這點，我們可以選擇多種不同的評量形式作為量測各種目標

的適當方式。不過，儘管大家都知道「收集多種證據」以及「評量方式必須搭配目標」的重要性，我們還是經常觀察到老師們在做評量決定時，依靠的是哪種評量最容易施行和評分。當然，慮及某些類型的評量既耗時又耗力，以及教師必須對學生、家長和行政人員「捍衛說明」評分準則的壓力，這是可以理解的，但是，我們強烈建議應該要由我們的目標來決定我們評量的性質，而非由外在因素來決定。學校和學區領導者有義務要建立相關的組織結構（例如：安排教師小組為學生作品評分的時間，以及實際可行的成績報告完成時間表），好讓教師可以切實、合理的執行負責任的評量做法。

評量「理解」

我們在第三章討論了找出我們希望學生能夠理解的「大概念」的重要價值，現在，我們要透過三個問題來深入細節的看看這個「理解」目標：知道（knowing）和理解（understanding）之間，有什麼差別？我們要如何知道學生**真的**理解了我們找出來的那些大概念？我們可以如何讓學生以多元的方式展現他們的理解，又不會妨礙課程內容標準的達成？

「知道」是二分的——你要不就是知道，要不就是不知道。事實和基本概念等等的陳述性知識屬於這個類別，而要評量這種事實性知識，你可透過以「正確」答案為特徵的客觀測驗和隨堂小考輕而易舉地達成。至於「理解」，正如我們的語言所暗示的，則是比較關乎程度的事情，例如，我們會說某個人有複雜深刻的見解、紮實的領悟、不完整或天真幼稚的想法，或者誤解。因此，當我們問：「她理解到什麼程度？」答案是沿著一條連續線來衡量的，猶如灰色的漸層，而不是黑白分明。這一點對於我們如何評量和如何描述結果是具有啟示性的。

整合運用差異化教學和重理解的課程設計

評量「理解」的挑戰之一，就隱含在這個語詞本身——「理解」有許多不同的意涵，例如，想想這個語詞的四種用法：

- 他們真的**理解**西班牙文。
- 她**理解**我正在經歷的一切。
- 他知道這些歷史事實，但是**不理解**它們對於今日的重要性。
- 我現在**理解**原來自己以前從來沒看到整體大局。

第一個例子裡，理解一種語言代表的是一個人能夠**使用**它——也就是，能夠透過聽、說、讀、寫有效的溝通。第二個例子強調的是**同理**——能夠像別人一樣感受的能力。第三個例子代表的是**遷移應用**——能夠將一個人過去所學應用到一個新情境裡。第四個例子是**後設認知**，也就是，一個人能夠反思自己的思考和學習歷程。

「理解」這個語詞有這麼多種使用方式，這個事實讓有些研究者和教育者嚴厲批評運用它來架構、形成目標的合宜性。他們認為，這個語詞太過含糊不清，沒辦法提供清晰明白的目標和具體精確的評量方式。

不過，Wiggins 和 McTighe（1998, 2005）卻採取不同的途徑，他們認為，這些多元不同的意涵可以用來架構出一個關於評量目的的概念理解結構，並且提出理解可以透過六個面向來展現，請參見圖表 5.2 的摘要歸納。

這六個面向並不是要呈現一個關於人如何理解事物的完整理論，我們把這個議題留給認知心理學家去解釋。這六個面向的功用反而是要當作「理解如何展現」的**指標**，因此，它們提供了一些原則方向，指引我們需要使用哪些種類的評量來決定學生理解的程度。

當我們真正理解的時候，我們：

- 能夠透過概念通則或原理原則來**說明**（explain）：針對現象、事實和資料提出合理的、系統性的說明解釋；做出有獨特見解的連結，並且提供啟發性的例子或例證。

- 能夠**詮釋**（interpret）：述說具有意義的故事；提供適當的翻譯；針對概念想法和事件提出發人深省的歷史觀點或個人思考；透過圖像、軼事、類比和模型來呈現個人想法或讓別人更容易了解。

- 能夠**應用**（apply）：在多元、真實的情境裡，有效的運用和修正調整我們的知識——我們可以「活用」學科內容知識。

- 有**觀點**（perspective）：透過批判性的眼光和耳朵來看、聽他人的觀點；觀照全局。

- 展現**同理**（empathy）：在別人可能會覺得奇怪、異類或難以置信的人事物裡找到價值；以過往的直接經驗為基礎，敏於覺察感受。

- 有**自我認識**（self-knowledge）：展現後設認知的覺察力；領悟到個人的風格、偏見、心理投射和心智習性會形塑和妨礙我們自己的理解；意識到我們自己不懂什麼；反省思考學習和經驗的意義。

　　雖然這六個面向完整列出了有關理解的可能指標，不過決定學生是否真正理解的基本方法主要是這兩個面向：說明和應用。當我們要學生「說明」時，我們所尋求的不只是一個記憶背誦的答案。博士生被要求必須**口試答詢**說明他們的博士論文，向口試委員會展現與證明他們確實理解自己的研究及研究的意義，同樣的想法也適用於此，只不過是以較為非正式的

方式，要求學生「用他們自己的話來說明」、為他們的答案提出理由、支持他們的立場觀點、證明他們的解決方法的合理有效性，以及展示他們的作品。

這裡很重要值得注意的是，「說明」未必完全都是要使用語言（書面或口頭語言）來表現，視覺圖像式的說明，例如以概念圖、序列連環圖、流程圖、圖像類比等形式呈現的說明，會很清楚直接，而且對於有強烈視覺偏好或語言表達有困難的學生來說，可能特別有益，因為視覺圖像式的說明能夠確保他們有一個機會來表達他們的學習所得。

當我們呼籲要「應用」，我們說的不是一種機械式的回應或盲目的「插入」一個記憶公式。相反的，我們要求學生要能遷移──在一個新的情境裡運用他們知道的知識。我們建議教師應該為評量設定實際的、真實的情境，當學生能夠思慮完善、彈性靈活的運用他們所學的時候，真正的理解就展現了。請想想這個類比：在團隊運動裡，教練例行性的執行各種訓練，以發展和精進選手的基本技能，不過，這些練習和訓練的目標永遠都是朝向比賽時應有的表現來前進。我們經常發現教室裡過度強調抽離情境的練習，而且提供太少的機會讓學生實際「比賽」。圖表 5.3 即在區別不真實的練習和真實的應用之間的差異。

在運動場和教室裡，訓練練習和真實應用兩者都是必須的。學生需要熟悉與掌握基本的技能，而技能的反覆練習能夠支持這樣的需要。但學生也需要機會來運用他們的知識和技能──換句話說，也就是能夠「活用」學科知能。

當學生能夠適當的運用知識和技能到一個新情境裡，而且能夠有效的說明解釋**怎麼做**和**為什麼**，我們就有了證據能「判定」他們的理解。

不真實的應用	真實的應用
填空	運用原始第一手資料來做研究
從給予的選項裡選擇一個答案	辯論一個具有爭議性的議題
在章節的最後回答記憶性的問題	執行一項科學調查
解決人為虛構的問題	解決「真實世界」的問題
練習抽離情境、去脈絡化的技能	詮釋、解讀文學作品
畫出句子語法結構圖	有目的的為特定對象寫作

　　讓我們一起來想想以下這兩個評量任務的例子，針對國中階段的一個營養單元，這兩個評量任務都要求學生應用和說明。

- 因為我們班一直在學習有關營養的單元，所以二年級的老師請我們幫忙教導他們的學生良好的飲食習慣。請創作一本圖文並茂的小冊子來教二年級的孩子了解良好營養對於健康生活的重要性。運用剪貼食物圖片和自己原創的圖畫，顯示營養均衡的飲食和不健康的飲食之間的差異。提出因為飲食習慣不良可能導致的至少兩個健康問題。你的小冊子裡應該包含準確的健康飲食資訊，而且應該要讓二年級學生容易讀也容易懂。

- 因為我們班一直在學習有關營養的單元，戶外教育中心的營隊指揮官要求我們為我們今年即將要去中心的三天營隊活動提出一份營養均衡的菜單。請運用美國農業部（USDA）的食物金字塔指南和食品標籤上的營養資訊，設計三天份的飲食計畫，包含主要的三餐和三次點心（早上、下午和營火晚會）。你的目標：一份健康又美味

的菜單。除了創造菜單之外，也請準備一封寫給指揮官的信，解釋說明你的菜單是如何符合 USDA 的營養指南，在信中放入一個圖表，分析和呈現這些餐點的脂肪、蛋白質、醣類、維他命、礦物質和卡路里等各類營養價值含量。最後，請說明你做了哪些嘗試努力，好讓你的菜色擁有足夠的豐富美味，讓你的同學會想要吃下這些食物。

請注意在這兩個例子裡，學生都被要求在一個真實世界的情境裡應用他們的營養知識，而且要包含一份說明。他們被要求以靈活彈性的方式來運用他們的知識，為特定的觀眾對象完成一個目標。這兩個任務都是開放式的，因為它們允許學生使用個人化的回應方式，但同時仍要符合老師設定的評量準則（criteria）——這是堅持課程內容標準但避免統一標準化的一個例子。相較於營養知識事實的客觀考試測驗（雖然我們也可以將這種考試納入評量相簿的一部分），這樣的評量方式以質性差異的方式提供了有意義的學習證據。當然，在差異化教學的教室裡，老師會體認到，雖然不能妥協的，每個學生都一定要展現他們的理解，但是這個學生要使用什麼最好的方式來展現他的理解，則是**可以**有高度的彈性。更進一步，老師很有可能會適當的挑戰某些學生接受更複雜、需要更高階能力運作的評量任務，而其他學生可能需要比較具體的任務去應用比較基本、基礎或熟悉的技能。學生需要展現對核心大概念的理解的目標並不會改變，但是評量任務的「難度」則會因為學生準備度的多元差異而有適當的變化調整。

GRASPS 架構

為了創造出更真實的「理解的表現」，我們推薦老師們運用英文字首

縮寫為 GRASPS 的架構來組織發展評量任務。換言之，即是包含：（1）一個真實世界的**目標**（goal）；（2）對學生有意義的一個**角色**（role）；（3）真實的（或模擬的）真實世界的**對象**（audience）；（4）一個脈絡化的**情境**（situation），讓學生能做真實世界的應用；（5）學生自己創造、不斷累積到最終成果的**產品**（products）和表現；（6）師生都有共識的成功表現判斷**標準**（standards）或準則。請注意前面提到的兩個例子裡也出現了這些元素。

我們絕不是說我們所教或所評量的**每樣東西**都必須運用 GRASPS 來架構。不過，對於那些你真的想要學生們理解的重要想法和過程技能，我們認為比較真實的任務有它的優點和價值。具有這些特徵的實作表現任務能夠提供給學生有意義的學習標靶，為教學提供有價值的實作表現目標，以及評量真正理解所需要的那一種證據。

而且，我們要強調的重點是，實質上，在我們學校裡的所有學生，都應該經常擁有機會，透過具有 GRASPS 特徵的評量方式去展現他們在重要的學科課程目標上的精熟程度。某些對於學生成果產品的規範，以及老師要協助學生成功所搭設的鷹架，很可能需要因學生而改變，但是，不應該改變的是，讓學生透過有意義的、學生能自主選擇、聚焦在核心課程目標、依據重要準則實施的評量來表達自己學習的機會。舉例來說，能力很強的學生可以運用目前探討的複雜的學科領域知識，將理解應用到一個比較不熟悉或比較不明確的情境或對象；有學習困難的學生可能是將理解應用到一個比較熟悉或比較有明確結構的情境，或是以同學或較年幼的學生為對象。但是，老師應該期望兩位學生都要在真實世界的情境裡展現他們對於核心原則的真正理解。

整合運用差異化教學和重理解的課程設計

》 評量原則三：形式隨功能而生

我們設計和運用課堂評量的方式，應該直接受到這四個問題的答案所影響：我們在評量什麼？我們為什麼要評量？評量結果是為了給誰看的？評量結果將會被如何運用？我們在前面的部分已經討論過我們評量什麼和如何評量之間的關係，現在讓我們把注意力轉到目的上。

教室裡的評量有幾種不同的目的，其中之一是總結性的評量。**總結性**評量通常被用來總結歸納學生學到了什麼，這些評量傾向帶有評鑑性質，而且評量的結果經常會被概括濃縮成一個分數或一個等第，放入成績單裡。總結性評量常見的例子包括正式測驗、實作表現任務、期末考試、最終的專題計畫，以及作品檔案。這些評鑑性評量項目會非常受到學生和家長的注意，因為它們的結果通常就是「很重要」，而且會被記錄在成績單和成績證明書上。

除了評鑑之外，另外兩個評量的目的——診斷性和形成性——對教與學來說也是非常的關鍵。**診斷性**評量（或學前評量）通常是發生在教學之前，而且被運用來檢核學生的先備背景知識和技能程度，以及找出迷思概念、興趣或學習風格偏好，它們可以提供資訊來協助教師規劃和指引差異化教學設計。診斷性評量的例子包括技能檢核表、知識調查問卷、不打分數的前測、興趣或學習偏好檢核表，以及迷思概念檢核表。

形成性評量跟著教學一起發生，這些持續的評量可以提供指引教與學的資訊，以幫助學生提升成就。形成性評量包括正式和非正式的方法，如不評分的小考、口頭提問、觀察、草稿作品、放聲思考、學生建構的概念圖、預演彩排、同儕回應小組和檔案作品集的檢視審閱（portfolio reviews）。

雖然總結性／評鑑性評量通常會受到最多的注意，但是診斷性和形成

性評量能提供關鍵的「沿途」資訊來指引教學，以回應各種不同學生的特質和需求。一直等到教學結束時才來了解學生學習得有多好，實在是太遲了。就像最成功的指導課外社團活動（例如畢業紀念冊編輯、管弦樂團、戲劇社和田徑隊）的教練和主辦人，都會知道持續性評量和持續不斷的調整，是達成最佳表現的重要工具手段，最好的老師也是如此。這種好直覺其實是有研究驗證支持的，最近的研究已經證實經常使用診斷性和形成性評量作為學習回饋的好處（Black & William, 1998）。在差異化教學的教室裡，老師持續不斷的檢視每個學生的形成性評量資料，作為調整修改「前期預定的」（up-front）教學計畫的工具，以滿足特定學生的需求。正如教育家 Hilda Taba 指出的：「當然，診斷永無完成的一天。每一次跟學生的接觸都會揭露教師先前不知道的某些事情、對教師明智規劃教學而言很重要的事情。」（Taba & Elkins, 1966, p. 24）

在多元差異的教室裡，以回應式評量來促進學習

　　我們以描述說明四種尊重學生差異和促進學生學習的教室評量做法，作為這一章的總結。

▶▶ 教學「之前」先評量

　　診斷性評量（學前評量）對於教學的重要性，就像身體檢查對於開立適當的醫藥處方一樣。在任何學習單元的一開始，有些學生可能早已精熟了教師將要「講解介紹」的技能當中的許多技能，而且他們對這個單元的某些或所有的持久理解可能早已擁有相當細緻練達的理解。於此同時，有些學生可能欠缺精熟這個單元的核心技能所必須具有的某些先備基礎技

能，也缺乏一個發展脈絡或經驗基礎來開始研究學習這個單元的持久理解。想要支持協助每個學生成功學習的老師需要在一個單元開始之際，覺知學生們的學習起點，「在黑暗中教學是很有問題的做法」（Taba & Elkins, 1966）。

學前評量應該把焦點放在這個單元的核心知識、理解和技能，它們應該提供一扇窗，讓老師能看見學生帶到這個學習單元的重要優勢和弱點，而且，它們不應該被評分。更確切的說，學前評量有助於老師概略的了解：相對於這個單元的核心內容目標，每個學生目前所在的準備度位置。在整個學年的重要時間點，學前評量也可用來洞悉、了解一個學生的興趣或偏好的學習路徑。有許多評量形式可以用來當作學前評量，包括：3-2-1卡、弗瑞爾字詞彙網絡模式（Frayer diagrams）、小考、日誌筆記、檢核表和概念圖。

有了這些評量訊息讓老師認識、了解學生們各自不同的學習需求，老師就可以開始形成教學小組、指派適當的學生任務、找到合適的學習素材等等。然後在整個單元進行過程中，形成性評量持續增進老師對學生學習需求的了解，並且幫助老師以最能促進學生學習成長的方式來回應學生。

❯❯ 提供適當的選擇

回應性在評量裡和在教學裡同等重要。正如學生在吸收和處理訊息的偏好方式會有所不同，他們展現自己學到什麼的最好方式也會有所差異。有些學生需要「動手做」，有些學生喜歡口頭說明；有些學生擅長視覺圖像呈現，有些學生則善於書寫表達。為了做出有關學生學習的有效推論，老師必須允許學生發揮他們的優勢，一個完全標準化、一體適用所有人的教室評量方式也許很有效率，但它並不「公平」，因為老師所選定的任何

一種形式都會對某一些學生比較有利，同時讓另一些學生陷於嚴重不利的地位。

當學生被給予展現知識、技能和理解的適當選項時，評量就會變得具有回應性。換言之，允許學生可以有一些選擇——但永遠要帶著「根據目標來收集需要的證據」的意圖和目的。若沒有清楚連結期望的學習結果和必須要有的證據，老師們就會陷入評量蘋果、橘子和葡萄這種無意義的評量比較的窘境。

井字九宮格提供了一個架構，讓你可以提供學生產品和實作表現的選擇，同時又能將最終的目標放在心上。圖表 5.4 呈現一個示例，該位老師用井字九宮格來架構不同文類組合而成的產品和實作表現的選項，讓學生可以選擇用哪種方式展現他們對於學習內容的理解。

井字九宮格的形式讓老師可以架構相關選項同時給予學生選擇，其中的選項是彈性可變的。舉例來說，如果我們想要學生寫作，那麼我們就會要求所有學生從第一欄裡選擇一個選項，然後從第二或第三欄裡選擇另一個產品／實作表現選項。如果我們想要的是一個精確完整的說明，我們可以給予學生更大的自由度去從其他欄位裡做出選擇。圖表 5.5 是一個更開放的井字九宮格，標示「自由決定」的格子是讓學生提出一個適配他們個人專長的另類證據來源。對於重大的專題計畫，我們也可以允許學生從每一欄裡選一項來創造產出三項產品。

不管實作表現任務有多開放，不管提供了多少產品／實作表現的選項，我們都必須找出一組共同的評鑑準則。這個建議好像有點違反直覺，也就是，如果我們給了學生**不同的**產品成果選項，我們怎麼可能會有**相同的評量準則**？答案要回到 UbD 逆向設計的邏輯。我們在第二階段需要收集的整體評量證據，是根據第一階段找出來的期望的學習結果來決定，不過，就像我們前面討論過的，一個評量任務的具體細節可以經過適當的組

整合運用差異化教學和重理解的課程設計

圖表 5.4　產品與實作表現的井字九宮格（第一版）

書寫式	圖像式	口語式
研究報告	海報	課堂報告
新聞報導文章	組織圖	口頭報告
資訊宣傳小冊子	PowerPoint 簡報	廣播訪問

圖表 5.5　產品與實作表現的井字九宮格（第二版）

書寫式	圖像式	口語式
自由決定	海報	演講
說服式文章	**自由決定**	辯論
社論	宣傳海報	自由決定

織安排，好讓學生有所選擇。比方說，在營養單元，我們想要學生表現他們對於均衡飲食的理解，這樣的理解可以透過要求學生說明這個概念並舉出一個例子的任務來評量，而且需要的證據可以用書寫、口語或視覺圖像的方式來獲得。但是，不管回應方式是哪一種，都會以相同的評分規準來判斷所有學生的理解，評分規準包含了以下這個跟學科內容連結的關鍵評量準則：**清楚、精確、完整的說明**「均衡飲食」的概念，並舉出一個**適當的例子來闡明**這個概念。換言之，這個評量準則主要是源自於課程內容目標，而不是回應方式。

現在，我們希望能夠為特殊學生的需求另外再增加特別的評量準則。例如，老師可能針對高能力的四年級學生特別強調在研究計畫裡運用第一手資料，但是對班上的其他學生來說，第二手資料就是挺適合的素材了。（這個例子假定，第一手資料的運用並不是這個單元的課程內容目標。）同樣的，老師可能會針對產品成果、為不同的作品文類訂定特殊的評量準則，例如，如果有位學生準備了一張海報來說明均衡的飲食，我們可以評估他的**工整度、組織結構**和**顏色**的有效運用。同樣的，如果另一位學生做了口頭報告，我們可以評量她的**發音、演說速度**以及跟觀眾的**眼神接觸**，不過，在這個例子裡，我們認為這些是與特定的產品和表現有關的次要評量準則，而不是依據課程內容目標所決定的關鍵評量準則。（請注意，口語訓練老師則是會運用發音、演說等最後這一系列的評量準則當作關鍵評量準則，因為在有效口語表達的課程內容標準上，這是非常重要的目標。）

當然，我們希望學生能做出高品質的作品，不管他們選擇的是什麼選項。但更重要的是，我們需要引用符合課程內容目標的評量準則，如果我們根據不同學生所選擇的產品成果而改變這些關鍵評量準則，那麼我們就失去了有信度、有效度的評量方式。請參見圖表 5.6 對這些重點的圖像式摘要歸納。

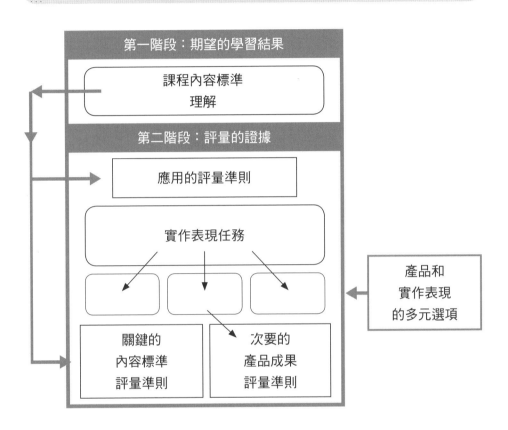

圖表 5.6　評量準則與差異化的評量

第一階段：期望的學習結果

課程內容標準
理解

第二階段：評量的證據

應用的評量準則

實作表現任務

關鍵的
內容標準
評量準則

次要的
產品成果
評量準則

產品和
實作表現
的多元選項

　　我們提出三個提醒作為這部分的總結。第一，我們必須永遠牢記在心，我們的目的是要根據學習目標來收集適當的學習證據，而非僅是提供一張「很酷的」產品可能性的菜單。如果某項課程內容標準要求的是寫作或口語表達上的精熟度，那麼提供寫作或口語表達之外的其他表現選項就不適當——唯一的例外是針對寫作或口語表達真的非常困難的身心障礙學生。

第二，我們提供的選項必須值得學生所花費的時間和精力。對於可以很有效又適當的運用選擇題小考就能評量出來的課程內容目標，要求學生發展一個複雜的 3D 立體展示或動畫呈現的 PowerPoint 簡報秀，就太沒有效率了。用一位教師朋友的通俗話語來說：「這杯果汁一定要值得你花時間力氣去擠。」

第三，一定要考慮可行性。理想上，我們可能希望將所有重要的作業和實作表現評量都個別化，針對每個學生來量身定作，但實際上，我們只有這麼多的時間和精力。因此，教育者必須很明智的決定何時是提供產品和實作表現選項的重要時機（以及應該提供多少選項），在單一條路和選項迷宮當中達到一種平衡。

儘管有許多挑戰，我們仍然相信，提供評量的選項這樣的努力是值得我們花費心力去做的。當學生在尊重他們的任務上被給予幾種適當的選擇，他們就比較可能願意付出努力，並且在好好完成一項工作時會感受到真正的成就感。

▶▶ 盡早而且經常提供回饋

傳奇足球教練 Vince Lombardi 曾這樣下結論：「回饋是冠軍的早餐。」所有類型的學習，不管是在運動場上或在教室裡，都需要回饋。諷刺的是，促進學習所需的高品質回饋系統，在學校裡卻非常有限，至少在學科學習的教室裡是如此。想一想評量專家 Grant Wiggins（1998）的觀察：

> 如果真要我總結過去十年來在各式各樣的學校（公立和私立；小學、中學和大學；有和沒有州立測驗計畫）所看到的，我可能必須說，許多教育者似乎認為回饋代表的是給學生許多讚美、一些反對意見和建

整合運用差異化教學和重理解的課程設計

議忠告。在教室裡，最常見的所謂回饋是「做得好！」或類似的話語。當然，讚美學生是重要的，因為讚美常常能滿足和鼓勵他們，但是卻無法幫助他們改善他們的表現。讚美讓你留在比賽場上，但真實的回饋幫助你變得更好。回饋會告訴你你做了什麼或沒做什麼，並且讓你能夠自我調整。的確，回饋越是清楚明白，選手就越能發展出更多的自主性，反之亦然。（p. 46）

有效的回饋系統有四個質性特徵，回饋必須是：（1）及時的；（2）具體明確的；（3）對接收者是易於了解的；（4）允許有調整空間的。等待三個星期或三個月後，才能發現你在一個標準化測驗的表現如何，這並不會幫助你的學習。學習者需要及時發現他們的優點和缺點才能夠有所改進。時間拖延得越久，這個回饋就越不可能有幫助或被運用。

不意外的，最好的回饋通常出現在「以表現為主」的學科，例如藝術、音樂、戲劇、演說、職業和技術教育、家政課和體育。我們也經常觀察到運動員訓練和課外社團活動會有效的運用回饋，例如樂團、新聞報社和辯論社。的確，「教練」的本質包含了持續的評量和回饋，就像 Lombardi 的評論所建議的一樣。

具體明確性是有目標焦點的調整的關鍵鑰匙。有太多的教育者以為分數和等第就是「回饋」，但其實它們並無法通過具體明確性的考驗。在學生的作品上打上一個字母（B⁻）和一個數字（82%），就像「做得好」或「再努力一點」這樣的評語一樣，產生不了太大的作用。雖然好分數和正向的稱讚會讓人感覺良好，但是它們不會促進學習。具體明確的回饋聽起來就不一樣──舉例來說，「你的研究論文有良好的寫作組織，而且包含了許多明確的資訊，你運用了多種資料來源而且也有適當的記載出處。但是，你的論文缺乏一個清晰的結論，而且你沒有回答你的基本研究問

題。」從這樣的回饋，論文報告的寫作者會具體明確的知道這篇論文的強處是什麼，又有哪些地方需要修改。

因為回饋是針對學習者給的，所以它必須要能夠被學習者理解。評分指標通常被視為回饋工具，能夠確實發揮回饋的功效，但有時候評分指標所使用的語言，對某個學生而言可能無法理解。老師說的「典雅簡練的論證」或「精密周全的分析」究竟是什麼意思？如果我們希望回饋能夠讓學生了解並且引導他們改善自己的學習，我們的回饋就一定要清楚易懂。其中一種方法是發展「小孩語言」的評分指標，例如，與其說「記錄推理論證的過程」，我們可以說：「用一個步驟接著一個步驟的方式來展示你的作品，好讓別人可以看到你是怎麼想出來的。」

讓回饋變得易懂的第二種方法是運用模型和示範。有經驗的老師對於我們所謂的「良好組織」會有一個清晰的概念，但是沒有任何東西能保證這個短語會傳達相同的想法給學生。當我們秀出幾個有良好組織而且容易理解的例子，對比幾個欠缺組織而且不容易理解的例子，學生可能會比較容易了解我們的回饋。如果我們期望學生能夠根據我們的回饋來行動或做事，他們就必須了解回饋的意思。模型的運用也有助於透過真實可觸的例子來讓「不可見的變得可見」。我們也可以跟個別學生或小組學生分享和他們技能層次差不多的學生所完成的作品，以及已經能──或還不能──展現精熟度的學生的作品。利用這種方式，學生可以看到「看起來他們也能做到的」作品，同時看到下一步該怎麼做的例子，並且相信自己只要付出努力和得到協助，必定也能夠完成同樣高品質的作品。

這是對回饋系統的一個簡單、直白的測試：學生能否從你給的回饋當中**具體指出**他們哪些部分做得很好，哪些部分是下一次可以改善的？如果學生不能做到，表示你的回饋對這個學生來說，還不夠具體，或不容易理解。

整合運用差異化教學和重理解的課程設計

最後，學生需要有機會依據回饋來行動——再改進、 修正、練習和再試一次。作家很少第一次嘗試就創作出一篇完美的文稿，這也就是為什麼寫作歷程會強調擬草稿、回饋（從自我評量、同儕審閱和老師評論）以及修改的反覆循環，才是產生傑作的路徑。同樣的歷程可以應用在以深入的理解和流暢的表現為目標的任何學科，因此，老師應該在教學計畫裡建立定期回饋與修改的機會，學習需要這樣的機會。

❯❯ 鼓勵自我評量和反思

最有效的學習者是後設認知型的學習者，也就是說，他們會留意自己如何學習、設定個人的學習目標、經常的自我評量和調整他們的表現，以及應用有效能的策略來協助他們學習。比較沒有效能的學習者似乎只是走進學校，彷彿置身雲霧當中，他們好像對於自己偏好的學習風格一無所知，對於哪些策略可以提升他們的學習成就也一竅不通。

研究和經驗已經顯示，後設認知策略是可以教的，而且它們對於學習者的好處是值得注意的（Bransford, Brown, & Cocking, 2000; Costa & Kallick, 2000; Flavell, 1985）。培養後設認知的其中一個方法是要求學習者經常回答以下這些反思性的問題（McTighe & Wiggins, 2004），這些問題會鼓勵學生反思他們自己的學習、思考遷移應用的可能性、自我評量自己的表現和設定目標：

關於 _____ ，你真的理解什麼？

關於 _____ ，你還有什麼問題或不確定的地方？

在 _____ 方面，最有效的是什麼？

在 _____ 方面，最無效的是什麼？

你可以如何改進 ＿＿＿＿＿＿？

下一次你會有什麼不同的做法？

你最驕傲的是什麼？

你最失望的是什麼？

＿＿＿＿＿＿ 對你來說有多困難？

在 ＿＿＿＿＿ 方面，你的優點是什麼？

在 ＿＿＿＿＿ 方面，你的缺點是什麼？

經過這一段時間，你的表現提升了多少？

你自己偏好的學習風格如何影響 ＿＿＿＿＿？

你應該得到幾分／哪個等第？為什麼？

你所學到的東西可以如何連結其他的學習？

你所學到的東西怎麼樣改變了你的思考？

你所學到的東西跟現在和未來有什麼關係？

接下來還需要什麼樣的努力作為？

　　在差異化教學的教室裡，這樣的自我評量也能讓學生和老師都聚焦在全班共同都要達成的目標，以及對每一個學生的發展很重要的個人目標。舉例來說，如果學生有機會反思這個學習任務對自己的適合程度、指出自己特定的優點和缺點、想一想自己的學習偏好對他們有利和不利的地方是什麼、設定個人的改進目標，那麼他們就比較可能對自己的學習以及這個「老師努力了解和回應學生需求」的教室擁有更多的掌控決定權。

　　另一個簡單但有效、可提供回饋又鼓勵自我評量和目標設定的策略是調整評量規準表的格式。請細看圖表 5.7，在評量規準表裡，每個欄位底部的左右角落加了兩個小方格，左邊的小方格是讓學生在開始作業**之前**，根據已建立的評量準則和表現層次先自我評量自己的表現，然後老師運用

整合運用差異化教學和重理解的課程設計

	標題	標示	準確性	工整度
3	這張圖表有一個標題，清楚說明這些資料顯示的是什麼。	這張圖表的所有部分（計算單位、每一行、每一列）都有正確的標示。	所有的資料都精準無誤的呈現。	這張圖表很工整，而且易讀易懂。
2	這張圖表有一個標題，大致說明這些資料顯示的是什麼。	這張圖表某些部分的標示不正確。	資料的呈現有一些小錯誤。	這張圖表大致工整，可以讓人讀得懂。
1	這個標題無法反映這些資料顯示的是什麼，或沒有標題。	這張圖表的標示不正確，或沒有標示。	資料的呈現不精確，有重大錯誤，或遺漏了資料。	這張圖表潦草隨便，而且難讀難懂。

評語：

目標／行動：

右邊的小方格來評鑑。理想上，兩邊的判斷會很相近，但如果不是的話，這樣的差距便提供了一個好機會來討論評量準則、期望目標和表現標準。經過一段時間的練習以後，老師和學生的判斷會漸漸趨近相同；事實上，我們很常觀察到的是，學生對自己的評估有時候會比老師的評估來得「更嚴格」！當然，終極目標不是要看誰「最嚴格」，而是希望學生會逐漸變得越來越有能力做到誠實的自我評估以及有效的自我改進。

現在我們來看看在評量規準表底下的兩個長方格。第一個長方格可以讓老師、同學或學生自己給評語、提供回饋意見或提出問題。第二個長方格是要給學生根據這個評量規準表所得到的回饋來設定目標或計畫以改進、提升自己未來的表現。運用這樣的方式，可以讓這個評量規準表從單純的在孩子身上「釘一個分數」的評鑑工具，變成實用又有力的學習回饋、自我評量和設定目標的好工具。

經常提供機會給學生自我評量和反思的老師，常常告訴我們教室文化發生了改變。就像一位老師說的：「我的學生以前常常問『我得到什麼？』或『你要給我什麼？』現在變得越來越能夠知道他們自己做得如何以及他們需要改進的是什麼。」

最後的想法

有效的評量做法是以個別學生理解為目標的教學的根本基礎。有效的評量不只能當作學生理解的指標，也可以當作老師設計形塑教學做法的資料來源，以盡最大的可能來促進各種不同學生的成長。更進一步，有效的評量做法不只測量學生的學習，也能幫助他們變成自己學習的評鑑者。

整合運用差異化教學和重理解的課程設計

6

結合 UbD 進行回應式教學

在規劃教學時，應有的課程「前提條件」是什麼？

老師要如何彈性運用教室元素來協助學生成功學習？

老師要如何讓教學計畫更易於管理控制、更有效率？

老師要如何選擇能夠回應學生學習需求的教學策略？

老師要如何組織和管理教室，以支持回應式教學的實施？

　　在課程設計的過程中，總會來到一個時間點，老師必須將重心從課程規劃轉向課程實施，好好思考如何將課程傳遞給學生，讓他們確實能因為學習我們規劃的課程而受益。換言之，有了課程設計在心中，接著我們就必須考慮如何執行我們準備的計畫，好讓這些計畫與設計真的能對每一個學生產生效用。

　　在 UbD 和 DI 的情境底下，「重理解的課程」和「差異化教學」這兩大考量當然要非常緊密的連結在一起，而且也要求老師做這樣的「思考二重唱」：對我所教的全部學生來說，最重要且必須學習的是什麼？什麼樣的教學順序安排能夠最佳化、極大化他們的學習？在學生嘗試去理解重要概念想法和運用重要技能的過程中，他們每個人的學習進展與達成目標的狀況是如何？哪些學生需要我的協助幫忙才能達成大概念的理解？我可以如何安排教室課堂的時間和空間，以確保學生有優質的學習機會和選擇？我要如何確保學生和我能像團隊一樣一起學習工作，好讓班上每個學生都能受益？當我和某些學生一起工作時，安排什麼樣的工作任務才會讓其他

學生受益？我要如何收集學生們成功達到這個單元的核心目標的證據？

　　儘管老師必須關注許許多多的元素，不過在老師的心裡，有四個總括性、互有關聯的問題會不斷循環串連出現，而且會彼此相互影響：我要教的是誰（學生）？對學生而言，這裡的學習最重要的是什麼（課程）？我必須如何教，才能確保每個學生能夠有系統的朝核心目標學習成長，並且在達成之後還能超越這個目標（教學）？我要如何知道誰已經成功、誰還沒有達成特定的目標（評量）？

　　這一章的焦點就是依據逆向設計和差異化教學的原則來做教室課堂裡的教學決定。不過，我們一開始會先談一些共同的教育信念──關於多元學業能力的教室情境裡的課程本質的信念，因為這一直是課程與教學計畫的指南針，而一個有缺陷的指南針，可預見的，對我們所教的學生必然會導致有缺陷的結果。

關於課程與多元學生族群的核心信念

　　UbD 和 DI 共同擁有一系列的核心價值，反映在第一章的公理和推論以及貫穿本書其他很多的地方。在我們要開始探討逆向設計如何運用在教室教學之際，再次清楚說明這些影響我們形塑出有效教學課堂願景的信念，是很重要的。以下分述四個信念：

　　實質而論，所有學生[註]**都應該持續不斷體驗以學科的重要概念想法為根基、要求學生建構事實訊息的意義，並進行高層次思考的課程。我們並**

註：正如先前提到的，這項前提的例外是有嚴重認知功能障礙、需要個別化教育
　　計畫（IEP）的學生，他們的課程學習目標跟其他學生有明顯且持續的差異。

不贊同那種「意義導向、思考為本、遷移應用為焦點的課程，只保留給少數比例的學生」的做法。我們有很充分的證據顯示，那些經常被認為是「低成就表現」的學生，在豐富且具有重要意義的課程中，會產生更好的學習成長。檢視多種來源的研究證據，其中一份報告的結論是：「在兩組學生都體驗了以意義和理解為目標的課程之後，我們認為是低成就組的學生對於高階技能的掌握明顯提升，其進步程度至少跟對照組的高成就學生差不多。而且對兩組學生而言，這種方式產出的學習結果都優於傳統的教學方式。」（Knapp, Shields, & Turnbull, p. 27）

有效差異化教學的發展設計是為了確保所有學生都有管道和機會可以接觸高品質、以意義為中心的課程，而高品質的課程乃是植根於學科的重要概念想法，這樣的信念是 UbD 的核心。而且實質上，這樣的課程理應屬於所有的學生，這個信念也反映在差異化教學的關鍵原則「尊重學生的教學」上。

學生需要機會來學習「基本知能」，也需要機會以有意義的方式來應用這些基礎知能。 低成就學生常常被降級、指派食用固定式的課程餐點，反覆練習低階的技能和事實記憶性的學習。雖然基本知能在學科能力發展上有其必要，但它們是不足的。老師有責任義務要幫助學生認識這些基本知能是為了達成更大的目的與功能而存在的。我們的夥伴 Grant Wiggins 運用教練的類比來提醒教育者手段工具和目的目標之間的重要關係：一位好教練會要求選手反覆做場邊的技能練習──但目標必定是為了比賽。很少有運動選手會無止無盡的練習阻擋、踢角球或排練快攻，除非他們確實看到這些反覆練習跟他們星期六的比賽之間有關聯。我們相信學生必須要發展基本的技能，但是他們必須是在為即將到來的比賽預作準備的情境底下來做這些事。差異化教學建議，在某些時刻，所有的學生都需要參與

「場邊的反覆練習」，當作一種修正、精煉和拓展關鍵技能的手段工具。在某些時間點，場邊的反覆練習對某些學生的發展可能會有所幫助（就好像厲害的教練會根據一個選手的位置和需要來差異化處理他們的練習項目），但是，所有的學生都應該是首要的「真實比賽選手」，而且他們也應該隨時都能看見場邊的反覆練習和真實比賽之間的立即連結關係。永遠不應該出現的安排是，有些學生一直被局限在做場邊的反覆練習，而其他學生則是不斷在比賽。

在學生的意義建構與教師的教學引導之間必須有一個平衡。我們同意學生必須靠自己建構出意義，我們沒有辦法把意義強制灌輸給他們。相對於「教完」教材內容（"coverage" of the content），UbD 一直強調「啟發」意義（"uncoverage" of meaning），我們之所以會強調這一點，源自於我們知道：理解是必須由個人建構出來的。差異化教學提醒我們，不同的個體會從他們不同的經驗、能力和興趣來建構意義——而且每個學生會有不同的發展時間表，也需要不同的支持系統。我們是建構主義的擁護者，但我們同時也了解老師在幫助學生建構意義上的關鍵角色，就像一位知名的認知心理學者指出的：

關於「建構主義式」的認知理論，有一個常見的迷思，以為老師永遠都不應該直接告訴學生任何事情，而是應該讓學生自己去建構知識。這樣的觀點混淆了教學的理論和認知的理論。在某些時候，而且通常是在人們第一次靠自己摸索探究一些議題之後，「講授教學」的效果可能會非常好。（Bransford, Brown, & Cocking, 2000, p. 11）

我們同意他的說法，而且我們也鼓勵老師要在提供機會讓學生自己探

索建構教材內容裡的大概念、監控學生理解的發展歷程、老師引導學生反省思考相關的理解和老師直接教學之間取得平衡。

Mortimer Adler（1982）在他的著作《派代亞人文教育改革建議報告》（*The Paideia Proposal*）裡，提出教師的三種關鍵角色：直接教學者、學習促進者和教練。圖表 6.1 提供了關於每一種角色的教學策略範例。在這個表單裡還可以加進許多其他的策略，但重點是，最有效的老師會在這些角色之間取得平衡，有目的的運用多元的策略來幫助學生理解和最大化的成長進步。差異化教學提醒我們，有時候某個策略可以同樣的方式有效的運用在全班教學，有時候就需要差異化的處理這個策略才能有效的運用在全班教學，也有些時候特定的教學策略在協助特定的學生或某個小組學生發展理解上可能特別有用。差異化教學課堂裡的老師當然必須要發展出一套教學方法資源庫，目標在於盡可能促成所有學生成功學習。就如同一位專教多元背景學生的專家教師所說的，這需要一位相當精熟的教師，能夠有效運用多種教學策略，來幫助各種不同類型的學生將片段零碎的知識和理解轉化成有意義的、代表教育成功的組織網絡（Kameenui, Carnine, Dixon, Simmons, & Coyne, 2002）。

學生需要知道一個單元或一課的學習目標，以及展現自己精熟達成這些目標的評量判斷標準。關於期望的學習結果，或達到這些結果的成功學習會是什麼樣貌，對學生來說，不應該是個謎團。逆向設計的三個階段可以協助老師記得如何做到這個原則，舉例來說：

第一階段

- 在單元的一開始，跟學生分享課程內容標準和期望的學習結果。
- 在單元教學過程中，把要探究的核心問題張貼出來並且經常檢視回顧。

教師運用的方式	學生需要做的事
講授式／直接教學 • 示範說明／表演展示 • 演講 • 問題（聚斂型）	**接受、吸收與回應** • 觀察、嘗試、練習、修正 • 聆聽、觀看、做筆記、提問 • 回答、給回應
促進式／建構式教學方法 • 概念獲得 • 合作學習 • 討論 • 實驗型探究 • 圖像表徵 • 引導式探究 • 問題解決為本的學習 • 問題（開放型） • 交互教學法 • 模擬（例如：模擬法庭） • 蘇格拉底式研討會 • 寫作過程	**建構、檢驗與擴展意義** • 比較、歸納、定義、通則概念化 • 合作、支持幫助別人、教導 • 聆聽、提問、思考、解釋說明 • 假設、收集資料、分析 • 視覺圖像化、連結、概念關係圖 • 提問、研究、結論、支持證據 • 提出／定義問題、解決、評鑑 • 回答與解釋、反思、重新思考 • 澄清、提問、預測、教導 • 檢驗、思考、挑戰、辯論 • 思考、解釋、挑戰、證明／辯護 • 腦力激盪、組織、擬草稿、修改
教練式教學 • 回饋／會商討論 • 引導式練習	**精煉技能與深化理解** • 聆聽、思考、練習、再次嘗試、 　修正精煉 • 重新思考、修改、反思、修正 　精煉、反覆循環

資料來源：引自 *Understanding by Design* (pp. 159-160), by G. Wiggins and J. McTighe, 1988, Alexandria, VA: Association for Supervision and Curriculum Development. Copyright 1998 by ASCD.

- 條列出學生將要學習的重要知識與技能。

第二階段

- 在新單元開始時,向學生說明本單元的評量類型,這些是學生在單元結束前要具體展現的學習(和理解)證據。
- 跟學生分享本單元最後的實作表現任務和伴隨的評量規準,讓學生知道老師希望他們做到什麼,以及會如何評斷他們的學習工作表現。
- 展示學生在類似實作表現任務上的範例或模型,好讓學生具體看到優質的作品是什麼樣子。

第三階段

- 在單元教學的過程中,清楚明白的連結學生學習經驗和教師直接教學,以及期望的學習結果、核心問題和預期的學習表現之間的關係。
- 要求學生經常、定期的反省思考自己正在學習什麼,這樣的學習如何幫助他們完成即將到來的實作表現任務,以及這樣的學習對他們的人生和後續的學校學習會有什麼幫助。

因此我們相信,從優質課程的設計規劃接續到回應式實施課程,這個過程的出發點應該是這樣的信念:實質上,所有學生都應該學習這個主題相關的大概念和核心技能、實作高階思考的真實任務、擁有支持協助的資源來發展理解和技能、擁有機會建構個人的意義理解、有老師的引導教學以確保他們建立清晰的理解,同時學生本身對於學習目標和學習成功的評量指標也有完整充分的認識。這些應該是我們設計任何教學計畫的前提條

件，有了這樣的基礎——以及持續的運用學前評量和形成性評量資料來引導老師的思考——我們就可以從這個堅實的起點開始進行差異化教學的規劃設計。

在差異化教室裡規劃以理解為目標的教學

即使是在不太重視學生差異對於教學設計的重要性的教室裡，當老師從課程計畫的發展走進課程的實際實施之時，還是需要思考一組新的問題：我要怎麼為實作表現任務下說明指令？我要怎麼知道學生理解了什麼和能夠做到什麼？我要如何維持他們的學習興趣？我要如何知道何時開始和結束教學計畫裡各段落的活動？我們要如何從一課的某個部分過渡、轉換到下一個部分？我要如何分配教學資源素材？即使是在所有學生一體適用的教室情境裡，還是處處充滿這些問題。要讓每一塊拼圖全部正確的運作，就像是在比一場跳棋賽或象棋賽一樣。

當一位老師珍視並且企圖回應學生的個別差異時，這場賽局就變成三維化，這些問題會變得更加複雜：一旦我了解了不同的學生知道、理解和能做到什麼——以及他們不知道、不理解和無法做什麼——我要如何安排我和他們的時間，以確保他們能夠持續成長？我要如何確認學生擁有適合他們的準備度需求、興趣或學習風格的資源？我要如何知道何時開始和結束全班性的教學計畫活動——以及我什麼時候可能需要延伸進行某個活動，好讓某些對那個活動深感興趣或仍有學習需求的學生繼續探究學習？我要如何幫助學生在不同的時間點、為不同的目的做學習活動的轉換，好讓整班的學生都能持續專注在自己手上的重要學習工作？我要如何有效能又有效率的給學生多元任務的指令？這些問題都沒有單一的正確答案，尋求這些問題的答案的老師，有點像是爵士音樂家，需要運用許多元素和方

法——有時是預先計畫的，有時是即興創作的——來傳達出這首旋律的訊息。要成為好的爵士音樂家需要練習，從練習當中會長出關於音樂理論的知識，磨出好耳朵來聆聽這個音樂家周遭發生的事情，培養出節拍時間感、對音樂意義的敏感度、對模糊不確定的容忍度以及創造力。爵士音樂家從來不會失去主旋律，但是會運用許多方式來表達它。

這一系列的技能，跟差異化教室裡的老師所需要的技能是很類似的，老師的教學同樣有預先計畫和即興創作的部分，老師永遠都知道主旋律是什麼——也就是課程的目標——但是會找到許多不同的方式來處理主旋律。從這位老師持續不斷的專業教學實踐當中，長出了關於學習是如何運作的抽象和具體的理解，磨出了好耳朵去聆聽教師周遭人們所說的話語和教室裡的學習流動，強化了對於能夠接觸年輕學子的生命並為他們賦權增能的「音樂」力量的敏感度、對模糊不確定的容忍度，以及必須要有的、發現另一種新方式來表達主旋律的創造力——好讓學生和意義連結起來。

嘗試在幾頁的篇幅之內分析完差異化教學教室裡的所有元素，就像是想用幾頁篇幅就教完爵士樂一樣。儘管如此，看看老師可以如何思考回應式教學以幫助學生「跟主旋律產生連結關係」的幾個方式，應該會對差異化教學教師需要哪些爵士音樂技能有一些啟發。因此，我們將簡要的看看如何彈性運用教室元素來協助學生成功學習、依學生需求歸類分組以做出更有效的教學計畫、選擇回應式教學的教學策略，以及提出重要的班級經營管理問題好讓教學能有靈活彈性。

彈性運用教室元素作為有效教學的工具

教室裡包含了許多的元素，可以由老師審慎思考與決定要如何以不同的方式、依據不同的目的來運用。老師每日運用——以及能夠操控以幫忙

達成預期想要的目標——的教室元素有：時間、空間、資源、學生分組、教學或學習的策略、說明呈現或授課教導的策略，以及夥伴關係。

　　了解這些元素都是手邊可充分運用的工具的老師，會提出這個問題：「我可以如何運用這些工具來確保每個學生都能夠在重要的學業成果上達到他們所能達成的最大成就？」用這種方式來思考教學意味著：也許，如果某些學生能有更多時間來磨練一項技能或達成某項理解，他們可能會學得更好，而另一些學生如果少花一點時間在某項技能或理解上，他們可能會學得更棒。有時候，學生跟同樣準備度的同學三人坐在一起，學習可能會進展得更有效順利；有時候，混合不同準備度的四個人成為小組，學習可能會進展得更有效順利。老師彈性運用關鍵教室元素以處理和滿足學生學習需求的方式有許多種，圖表 6.2 簡要總結幾種方式，藉以幫助更多學生成功達到優質課程所設定的目標，擁有更高程度的學習成就。

依學生需求歸類分組，做出更有效的教學計畫

　　小學老師通常要教五到六個科目、教 30 位或更多的學生，中學老師則是每天要準備一種或更多種課程、教的學生可能多達 160 位。不論是對小學或中學老師而言，「滿足每一位學生的每一個需求」這樣的期望感覺就像泰山壓頂一般。當我們再進一步透過身心障礙狀況、文化和性別差異、學習風格的特殊性，以及多元智能的偏好等等的透鏡來看這個期望，不可能的任務變得更可怕嚇人了——不然，我們就丟棄這個想法，嘲笑自己怎麼會愚蠢到以為自己有可能了解那麼多學生學習剖面的細節？更別提了解之後還要知道怎麼處理如此多元的差異！

　　整合運用差異化教學和重理解的課程設計

元素	彈性運用的範例	處理的學習需求
時間	• 協商討論延後作業任務的截止日期／時間。	• 幫助那些具體展現認真努力做作業任務，但速度緩慢或能力上有困難的學生。
	• 對於已經展現精熟度的學生，進行濃縮課程或免除作業任務。	• 允許能力較好的學生切斷無聊乏味的作業，並持續學業方面的成長。
	• 運用家庭作業契約或學習中心來幫助學生學習和補足自己所欠缺的先備知能領域。	• 支持協助那些背景知識有落差的學生，而非認定不會有時間可以幫助他們趕上別人。
空間	• 在教室裡創造一個「安靜區」，將噪音和視覺刺激降到最低。	• 幫助那些需要安靜工作、很容易分心，或脾氣急躁需要一個地方「抽離一下」的學生。
	• 張貼或運用幾張教室安排圖表，讓學生可以按照圖示迅速重新安排教室的空間。	• 讓老師能夠輕易的運用小組、全班或個人作業方式，並能在教師中心和學生中心的學習活動之間輕鬆轉換；造福所有的學生。
資源	• 「收集」不同閱讀難易度的教科書。	• 幫助所有學生都能取得適合自己閱讀挑戰層級的重要素材。
	• 找到以英文之外的其他語言提供關鍵主題資料的網站，將它們的網站位址加入書籤。	• 協助那些正在學英文的學生用他們的母語來理解核心主題，以幫助他們用英文學習。
	• 運用視聽影片或音檔來教學。	• 幫助閱讀文字有困難、偏好視覺或聽覺學習風格、必須看到或聽到想法／技能的實際應用才能學習的學生，運用視覺或聽覺來增進理解。

元素	彈性運用的範例	處理的學習需求
學生分組	• 運用預先指定的分組名單，讓學生一收到指令就知道要移動到教室的哪個位置、跟誰坐在一起。 • 依據相同和不同的準備度、興趣與學習風格來做分組規劃。	• 讓老師能夠迅速安排學生在各種不同的分組當中移動；造福所有的學生。 • 彈性分組能允許：以準備度分級進行重要目標的教學，混合不同準備度以延伸拓展學生的想法；探索彼此共同的興趣，也擴展學生的興趣；舒服自在的工作學習，並且擴展工作學習的舒適區。
教學策略	• 教學時能同時強調「部分到整體」和「整體到部分」。 • 穿插安排講解說明和小組討論。 • 連結關鍵重要的概念想法、技能，以及學生的文化和興趣。	• 協助某些學生運用這兩種方式來學得更好——也透過清楚展現連結關係和意義來協助所有學生學習。 • 協助需要動一動和說一說的學生，幫助學生澄清自己的理解，並允許學生更多的參與討論。 • 強化跟許多學生之間的連結關係、相關性和動機。

元素	彈性運用的範例	處理的學習需求
學習策略	• 設計學生的作業任務時，提供實用性、分析性和創意性的選擇。 • 提供分層式的練習活動和評量方式。 • 鼓勵學生獨立自主學習或跟一位同學一起學習。 • 運用各種「專家小組」幫忙教導關鍵重要的概念想法。	• 支持協助不同學習風格偏好的學生學習成長。 • 讓所有不同準備度的學生都能成功學習基本核心的概念想法和技能。 • 讓所有學生能夠以對他們有效有用的方式來學習和工作。 • 鼓勵學生擴充感興趣的領域，或發展新的興趣，並提供一群觀眾來聆賞他們的想法，藉此提升許多學生的學習動機。
教師夥伴關係	• 老師無須親力親為的教室工作，交代給學生負責執行。 • 調查家長的意見，以深入了解學生的興趣、學習風格偏好和學習需求。 • 和實施差異化教學的夥伴教師合作。	• 幫助那些需要動一動和閒不下來的學生、想要發展領導能力的學生，同時也協助大多數學生建立對教室的擁有權和對團體的貢獻力量。 • 幫助那些優點和需求可能被忽略的學生，並且透過鼓勵家長與學校聯繫來協助大多數的學生。 • 透過一位偶爾在教室觀察教學的同事的眼睛，能讓老師看見學生；藉由分享課程／教學設計，增進課程教學計畫的有效性；向擁有不同經驗的教師學習，提升班級經營和班級常規的效能；造福所有的學生和這位老師。

差異化教學並沒有要求教室裡的老師要變成好幾個學科領域的專家，相反的，這種課堂教學的思考方式，鼓勵老師在教師生涯當中，要持續發展深思熟慮的、合理可能的教學方法，以幫助更多更多的學生能夠有效率、有效能的學習。

面對這個挑戰的方式之一是運用「事先預期的」規劃（"anticipatory" planning）。隨著教學生涯的進展，我們大部分的老師會開始看到教室裡浮現一些具有規律性的類型或模式，例如：有些學生在閱讀方面必然需要協助幫忙，而且每個年級的學生都是這樣；有些學生勢必需要在字詞彙上面多做一點功課；有些學生的速度會太慢（對我們想要的速度來說），有些學生則是太快（對我們預定的計畫來說）；有些學生的知識、理解和技能明顯比其他同學超前許多；有些學生就是沒辦法靜靜坐著、專注力無法維持很長的時間；有些學生喜歡文字應用題，但有些學生怕死了。

身為教師，我們的目的是幫助學生成功的學會基本核心的知識、理解和技能。學習問題會阻礙學生成功，而學生的長處優點則是成功的跳板。也許，在思考如何進行回應式教學時，一個合乎邏輯又易於處理的方式是反思我們所觀察到的類型模式，並問自己：「針對學生這些關鍵的學習類型模式，我可以如何規劃，讓這些學習需求類型的差異化處理成為課堂運作常規的一部分？」這種「歸類分組」學生學習需求的方式，相較於「差異化教學是為每個學生訂製個別化教育計畫（IEP）」的誤解想法，似乎比較容易做到。

這種歸類分組方式的作用，很像建築師所說的「**通用設計**」（universal design）。在聯邦憲法開始要求公共場所必須讓進出有困難的障礙人士能夠通行無阻的那段時期，建築師們發現了兩項重要的原則：第一，相較於改造翻新現存的結構，在一棟建築物或結構物建造的過程中就規劃好通道，是比較容易也比較經濟的。第二，當他們提供通行輔助設施給某一群

整合運用差異化教學和重理解的課程設計

人使用的時候，其他許多的人也會因為這些設施而受益。舉例來說，建築師發現，在一開始鋪設人行道的時候，如果他們可以設計和建造一個斜坡道，那會比拆除人行道再重新鋪設容易許多。而且他們也發現，雖然他們以為這些斜坡道是為了那些使用輪椅的人而設，但是這些斜坡道對於推嬰兒車的父母、推行李箱的人和推手推車運貨的商人等等，都很有用。

把差異化教學想像成一種通用設計，會讓它看起來比較可行、能夠實際做到。換言之，如果我們一開始是問自己：「在我的班上，可以事先預期會有哪些學習的阻礙和學習的跳板？」然後再問：「當我在計畫整個單元和各課教學的流程時，我可以如何處理這些學習的阻礙和跳板？」我們必然就會發現，相較於周遭學生的標籤和個人特徵的數量，學生學習類型模式的數量是比較容易處理的。毫無疑問的，如果我們同時也能將處理這些類型模式視為課堂運作常規的一部分，而非打斷課堂運作常規的麻煩問題，我們就能夠更成功的處理這些學習需求。最後，我們幾乎也可以確定，我們以為專為某個學生或某群學生所設的「斜坡道」，同樣也會對其他學生很有幫助。圖表 6.3 提供了一些範例，說明當教師將重點放在處理學生需求和長處的學習類型，可能會如何讓更多的學生因各種原因而受益。

選擇能夠協助支持回應式教學的教學策略

對於差異化教學的老師而言，教學計畫的另一個面向是選擇適合用來處理學生的準備度、興趣和學習風格的教學策略。就好像有些教學策略能夠協助老師扮演好講解者、促進者和教練的角色（圖表 6.1）；有些教學策略也特別適用於處理學生在某個概念想法或某項技能上各種精熟程度的差異；有些策略能夠回應學生的興趣；有些策略能夠差異化的處理學生學習

常見需求類型	處理需求類型的方式	可能因而受益的學生
需要閱讀方面的協助支持	• 在介紹新文本的時候，允許學生選擇閱讀夥伴／搭檔。 • 使用螢光筆標示文本裡重要的段落，並且準備已經做好標示的文本。 • 系統性運用老師的放聲朗讀來探討文本裡複雜的段落。 • 以朗讀錄音的方式提供閱讀資料裡的某些片段或節錄。	• 學習障礙的學生。 • 英文作為第二語言、正在學英文的學生。 • 閱讀能力低落的學生。 • 偏好聽覺學習管道的學生。 • 喜歡跟一位同學一起學的學生。 • 有專注力問題的學生。 • 閱讀知識類文本有困難的學生。
需要建立增加識字量	• 提供重要字詞彙表，並附上清楚的解釋（相對於定義）。 • 準確指出核心必學的字詞彙（相對於冗長的列表）。 • 讓學生在時事漫畫、電視、漫畫書、休閒閱讀、歌曲……當中，找出重要的字詞彙。 • 運用文字與圖像結合的文字牆（word wall）或字詞彙海報。	• 英文作為第二語言、正在學英文的學生。 • 難以辨識字詞彙和拼音規律性的學生。 • 家裡沒有使用豐富字詞彙的學生。 • 偏好視覺學習管道的學生。 • 從文字應用於上下文脈絡來理解的學生。 • 認知過程處理有困難的學生。 • 有專注力問題的學生。

常見需求類型	處理需求類型的方式	可能因而受益的學生
課堂上難以維持專注力	• 運用「思考—配對—分享」的小組學習方式。 • 讓學生選擇任務或作業模式。 • 運用多種教學呈現方式。 • 在一節課的時間裡轉換多種活動。 • 運用經過設計的圖像組織圖來搭配思考的流程。	• 學習障礙的學生。 • 喜歡多元選項的學生。 • 不同學習準備的學生。 • 不同學習偏好的學生。 • 注意力缺陷、失調或過動的學生。
需要利用優點長處來進行學科領域的學習	• 運用拼圖法、興趣小組、興趣中心或專家小組。 • 提供進階的素材。 • 鼓勵獨立研究。 • 運用學習契約或學習專案（learning agendas）來個別化學習內容。	• 鑑定為資賦優異的學生。 • 覺得學校跟他們個人的興趣沒有連結關係的學生。 • 對這個主題興趣濃厚的學生。 • 需要或想要花多一點時間在一個主題上的學生。 • 喜歡跟別人分享自己學到什麼的學生。 • 給予選擇權即可提升學習動機的學生。
需要針對學習目標做重點式的教導和練習	• 經常、定期的跟學生在小組裡會談。 • 在關鍵的時機，以學生需求為目標來指派家庭作業。	• 學習困難、掙扎努力中的學生。 • 學習超前的學生。 • 英文作為第二語言、正在學英文的學生。 • 在小組情境學得最好的學生。 • 長期缺課的學生。

的效能。發展擴增教學策略的資源庫，能夠幫助老師在促進學生成功達到核心學習目標的教室情境裡，回應學生學業上的多元差異。

再次強調，以學生需求的**歸類分組**和對應處理這些類型的教學策略來思考如何回應學生學習需求的教學計畫，會比單獨為每一個學生做教學計畫來得更容易掌握、處理。舉例來說，一旦知道了我的學生會有一定範圍內的不同學習準備度，那麼我就會計畫在教學循環過程中的某些關鍵點，比如迷思概念或誤解經常發生的時刻、技能缺失出現的時候，或某些學生可能需要挑戰更高階的學習任務時，應用分層式作業活動（tiering）^{註 1}或小組教學之類的策略。當我知道學生會將自己的不同興趣帶到學校來，也知道如果我是睿智的老師，就會好好連結學生的興趣跟課程裡的持久理解，那麼我就會在適當的時機，選擇運用像是興趣中心（interest centers）或專長小組（specialty groups）的策略，連結學生的興趣以幫助他們成功學習。同樣的，因為我知道當學生能夠以對他們有用的方式來學習時，學習效能就會提升，所以我會在教學方法裡放入像是圖像組織圖表（visual organizers）或多元智能偏好（intelligence preference）的選項。

有些教學策略可以有效處理一種以上的學生學習需求類型，例如 RAFT 作業^{註 2}就很適合同時處理準備度、興趣和學習風格。其他的策略也

註 1：**分層式活動**是一種以準備度為基礎的教學方法，所有的學生都學習相同的核心知識、理解和技能，但是依據他們目前對於概念想法和技能的精熟程度不同，而有不同的學習難易度。分層式活動能夠讓學生在學習關鍵重要的學科內容的同時，又能夠依適合自己的挑戰難度來學習。

註 2：RAFT 作業要求學生選取一個特定的「角色」（role）、特定的一群「觀眾」（audience）、一種「格式」（format）和一個相關「主題」（topic），引發學生對於學習單元裡某個核心概念想法的高層次思考。透過變化 RAFT 的組成元素，老師可以處理學生在準備度、興趣和學習風格上的差異。

　整合運用差異化教學和重理解的課程設計

可以簡易調整，以回應一種以上的學生需求類型，例如「專家小組」（expert group）典型上是以興趣為中心的，不過，老師可以考量學生的準備度需求來提供或推薦資源素材給專家小組參考。圖表 6.4 示範說明的是如何選擇教學策略來處理學生需求類型的想法。

　　不管老師選擇運用什麼樣的教學策略來回應學習者的差異，這些教學策略都應該被運用來幫助學生理解大概念、精熟核心技能、以高層次的思維來執行真實的任務，而且學生也完全了解這項工作的成功是由哪些元素組成。相較於一體適用所有學生的教學方式，差異化教學的一個目標是盡可能為更多的學生提供機會和支持協助他們成功學習。

提出重要的班級經營問題，好讓教學能有靈活彈性

　　除了彈性運用教室的關鍵元素來協助學生成功、歸類分組學生需求好讓教學計畫變得更有效能，以及選擇回應式教學的教學策略之外，差異化教學的老師也必須想一想能夠支持彈性教學的班級常規管理，如果沒有這樣的常規，要以回應式或差異化的方式來教學就會變得十分困難——或不可能做到。

　　在差異化教學的教室裡，有時候老師必須指導一個小組的學生，而其他學生則是獨立作業；有時候老師必須分發和收回超過一組以上的材料資源；有時候老師必須指派不同的作業，讓超過一個以上的任務同時發生在教室裡，諸如此類。雖然差異化教室應該支持因為以學生為中心而帶來的活動轉換移動，但是它並不鼓勵混亂無序。

　　事實上，有效能又有效率的運用學生注意力所需要的那種秩序，同樣也是一個能支持學生建構意義的教室所需有的秩序。一項重要的研究發現：「能夠建立『有秩序且賦權增能的』學習環境的教師，是最有可能為

學生需求類型	有效回應需求的一些教學策略	
準備度	分層式作業活動 濃縮課程 放聲思考 不同的作業 標示重點的文本 文本摘要 寫作架構	小組教學 個別化的拼音和字詞彙 學習契約 學習菜單 不同閱讀程度的素材 文字牆 引導式同儕批評建議
興趣	興趣中心 興趣小組 專家小組 網路主題探究 網路探究學習 小組調查研究	獨立研究 多軌並進法（Orbitals） 我搜尋（I-Search） 設計一日活動（Design-a-Day） 個別化的成功學習評量準則
學習風格	圖像組織圖表 圖標／小圖示 不同的工作選項 不同的切入點（Entry points）	Sternberg 智能偏好的任務 Gardner 智能偏好的任務 活動／運動的機會 不同的教師呈現説明模式
多種類型	RAFTs 組織圖表 思考點（ThinkDots）	複合式教學 個人專案管理 骰子法（Cubing）

意義和理解而教的教師。」（Knapp et al., 1992, p. 13）因此，你的教室若想同時支持 UbD 建構意義的目標以及 DI 確保所有不同學生得到協助來建構意義的目的，那麼針對教師的班級經營相關責任提出正確的問題，並且找到有用的解答，會有雙重的好處。圖表 6.5 提供一些有用的分類面向，用來規劃班級經營以支持彈性的回應式教學，並提出關於這些面向教師可能需要思考的一些重要問題，也提供一些例子，說明教師實務上可以如何處理這些問題。第九章將會更完整的說明當老師心中帶著 UbD 和 DI 的原則來進行規劃設計時，課堂教學可能會如何進行。這些例子示範說明了逆向設計如何創造出一個架構，讓教師對學生抱持高度期望，並且差異化的支持協助各種不同的學生達成這些期望。

彈性運用教室元素來協助學生學習、依學生需求歸類分組以做出有效教學計畫、選擇教學策略以協助回應式教學、找到解決班級經營問題的實用可行之道的老師，會發現自己越來越有能力處理學生的多元需求。透過這些方式來發展教學計畫，支持協助所有學生有最大的成長、達成高層次的課程目標，這就是為教師和學生成功而做的設計。

最後的想法

我們從事教學的人，很多人學生時期都不是在那種展現差異化教學彈性和回應式教學特徵的教室裡受教育。這樣的過往歷史意味著我們缺乏具體可見的差異化教室如何運作的模式，可能也意味著我們很多人都創造了自己想像中的教室，但比較欠缺彈性，至少尚未達到真正差異化教室所需要的彈性，來支持與協助所有各類學生成功學習意義建構式、真實、高層次的課程。

關切的面向	需要思考的有用問題	處理的策略範例
時間管理	我要如何處理不同學生需要多一點或少一點時間來達成學習目標的需求？	運用家庭作業、學習契約、個人專案管理等等的方法，在全班統一往前和個人依自己步調前進的需求之間，取得平衡。
	當學生提前完成工作時，我要怎麼做？	提供定錨活動，並教導學生在完成工作後要怎麼運用這些活動。
	我要如何找出時間來做差異化教學規劃？	慢慢前進。一次只處理一個面向。
控制噪音	我要如何將教室裡的嘈雜音量維持在一個可接受的程度？	提供和運用信號來提醒學生降低音量。教導學生如何監控和調整音量。
	對於需要安靜工作的學生，我該怎麼處理？	運用耳機或耳塞來為這些學生阻隔噪音。
教室裡的移動	我要如何讓學生們順暢的在不同的工作小組之間移動？	教導學生運用任務和團隊流程表來找出他們在特定時間應該去哪裡和應該做什麼。
	我要如何避免太多學生同時在教室裡走動？	指定每一組由一位學生起來拿取學習材料。
	對於會因他人移動而分心的學生，我該怎麼處理？	在教室裡設置背對全班的座位區，不會看見同學的移動。

關切的面向	需要思考的有用問題	處理的策略範例
彈性運用 教室空間	當教室課桌椅設備無法彈性擺放時，我要如何讓教室空間變得有彈性？	實驗各種重新擺放或移開桌椅設備的方法。學生可以幫助你解決問題。
	教室空間需要變得更大時，我要如何善用教室空間？	運用紙箱來設置學習中心。適時讓某些學生利用地板的空間工作。
	對於需要自己單獨工作的學生，我要如何調整？	在教室裡，為這些學生或缺席需要補功課的學生等等，指定一個獨立工作區。
組織安排和 分發材料與 資源	我要如何順暢的分發和收回多種組合的學習材料？	指派每桌或每區的材料控制員，他們會根據你的指令來負責這個任務。
	我要如何確定不同的學生能夠得到他們需要的資源，以成功完成他們的工作？	運用班上的個人檔案夾，上面標示學生名字、上課時間和座位區。這也能幫助學生保存他們不斷累增的作品，不會丟失。
監控學生的 學習工作	如果學生各自進行不同的學習任務，我要如何知道學生的精熟程度？	發展一份評量標準／準則清單。影印多張，每一張標示一位學生的名字，運用它來做學生工作的抽查、記錄能力表現和有問題的地方。

關切的面向	需要思考的有用問題	處理的策略範例
監控學生的學習工作	從學生的工作情形和我的觀察，我對學生多了哪些了解？我要如何讓這些了解變得有用？	跟小組和個別學生一起工作時，用便利貼記下你的觀察。把便利貼貼在筆記本上，筆記裡依照字母順序排定每個學生一頁。至少每個月回顧檢視筆記本的內容。
	我要如何追蹤記錄哪個學生已經完成了哪個工作？	運用學生學習歷程檔案紀錄。要求學生把作業繳交到指定的任務籃或資料夾。
讓教師挪出時間來指導小組學生	當每個學生都需要我的協助時，我要如何保留時間來跟小組學生一起工作？	讓學生知道你什麼時候是「禁止打擾」以及原因何在。培養幾位「專家」，在你教某個小組的時候，負責回答其他學生的問題。
	我要如何找出時間來為小組教學進行規劃？	運用你目前手邊已經有的材料。減少批改評分每日作業的工作。在學習怎麼做到差異化教學的路上，慢慢前進，但每一步都要深思熟慮。
	當我跟小組學生一起工作時，其他學生要做什麼？	運用必要的基礎練習、定錨活動任務、個人專案管理、學習中心、學習契約和其他的策略，讓學生運用它們來進行常規性和獨立式的學習。

所以，當某人建議我們要朝更有彈性的教學走的時候，驅動我們反應的通常是不安與不確定感，常見的反應是「我根本沒有時間去做那些額外的事情」和「我甚至不知道該從哪裡開始」。

一位資深教師和我多年的同事 Sara Lampe 提醒老師們：我們可以改變我們職業生涯的許多面向，讓它變得更好——就像我們可以改變我們私人生活的許多面向，讓它變得更好一樣——如果我們有強烈的渴望想要這麼做的話。她用某個人為了變得更健康而下定決心改變飲食和運動習慣當作類比。

我們當然有很多理由維持舊習慣，但是這樣的好處比不上改變所帶來的好處那麼具有說服力。所以，第一步就是決定我們有沒有想要做得更好的意願和渴望。

如果我們有想要做得更好的渴望，那麼一開始，這些改變可能會有些麻煩。在一整天的時間裡，我們沒有時間去健身中心或料理不一樣的食物，它感覺就像是額外附加的負擔。但是，Lampe 提醒我們，在這當中運作的，其實應該是「取代」的原則，而非「附加」的原則。換言之，我們不應該像以前一樣躺在那邊看一個小時的電視，然後再去健身中心；相反的，我們應該用健身房來取代看電視時間。我們不應該先吃披薩然後再吃健康餐，應該以後者取代前者。

如果我們能堅持的話，日子久了，這些新習慣會變得（就算不是舒服自在）至少也可以忍受了。我們開始感覺到某種堅持下去的成就感，而且，當我們看到期望看到的結果時，我們會找到新的力量繼續堅持下去。

如果我們繼續維持這個計畫，最終，我們不只會真的變得比較健康，而且新生活方式已經不再是新的了，它就是我們的生活方式。

很少有人會說改變習慣是簡單容易的，但是許多人展現了實際做到的可能性，一次一步的改變，他們示範了這麼做對自己的生活帶來的好處。

老師需要堅持到底的意志與決心，來打破舊有的教學習慣，並取代以足夠彈性的教學常規來支持協助各種學生成功學習。很少有教師會說這樣的改變是簡單容易的，但是許多教師示範了這樣的改變，為他們的學生——以及為他們自己的教學專業自我效能感——所帶來的好處。

7

在多元學業能力的教室裡，
為理解而教

為深入理解而教和「教完內容導向的教學」，有什麼不同？

我們應該如何「啟發」學科內容，以發展和深化學生對重要概念想法和過程技能的理解？

哪些教學方法能夠幫助學生自己建構意義？

那些尚未精熟基本知識技能的學生該怎麼辦？

　　理解是必須靠個人自己掙來的。雖然事實可以靠記憶背誦，技能可以透過反覆練習來發展，但說到「大概念」的理解，就需要學生自己為自己建構意義。

　　想一想這個抽象概念：「有相關性並無法保證有因果關係。」雖然老師或教科書可以直白說明這個概念，但是如果老師沒有引導學生做一些主動的智力思考工作，很少有學生能夠理解它的意義。舉例來說，我們可以用一個刺激思考的案例來介紹這個概念，比如：「研究者發現，全美國的暴力犯罪罪犯當中，有 95% 的人在嬰幼兒時期是喝牛奶的。因此，禁止五歲以下的孩童喝牛奶，我們可以大大的降低暴力犯罪。」接著要求學生對這個建議做法提出回應，同時老師透過引導式的問題來「攪動刺激學生的腦袋」（例如：「這個例子有什麼地方不對勁嗎？」或者「如果例子裡說的是喝水，也可以做同樣的推論嗎？」），之後，老師可以提出其他相關性的例子——其中一些例子有因果關係，一些例子沒有因果關係——並

且引導學生進行分析、比較、提出假設和做出結論。接下來，學生可能在異質性的小組裡一起討論，提出其他類似的案例和反面案例。這堂課的教學可以逐漸累積發展學生自己對於「為什麼有相關性並無法保證有因果關係」的解釋。為了強化（和評量）學生的理解，老師可能要求學生個人要發展出「一堂課」，用自己的話語、圖片的呈現、類比和新的案例，來教導別人（例如年紀比較小的學生、缺席的同學、大人）了解這個概念。

就像這個例子所顯示的，以理解為目標的教學，對老師和學生都有特殊的角色要求。學生有義務要思考、提問、應用概念想法到新的情境、重新思考和反省。老師被期望要刺激思考、提出正例和反例、提出深入追問的問題、設立真實應用的情境、扮演魔鬼代言人、檢核學生的理解以及要求學生提出說明解釋和理由根據。在差異化教學的教室裡，老師在這些重要的角色上會運用多種教學方式和支持系統，以確保所有的學生都能夠理解。為理解而教，包含有效的運用全班、小組和個人學習的方式。如何讓每個學生都能理解目前學習的學科內容裡的持久概念想法？在接下來的各節裡，我們會強調重要的原則和實務做法，以提高每個學生都能理解的可能性。

「啟發」學科內容裡的大概念

我們經常聽到老師說他們的工作是教完（covering）學科內容，而且常常還會感嘆著說教材內容實在太多而時間永遠不夠。考量到課程內容標準和績效型測驗所帶來的壓力，以及教科書的廣泛運用所導致的一種沒有說出口但經常感受得到、必須在學年結束之前全部教完教材內容的壓力，老師們的憂慮是可以理解的。然而，我們認為「cover」這個英文字彙傳達了對於教學工作的錯誤想法。這個字彙有一個語意是「cover up」——

也就是，藏起來或模糊化，當然**此種**行為絕對不是我們身為教師想要做的。這個字彙的另一個語意是「表面掃過」要教的學科內容，就這個語意來說，我們在課堂上說話快一點就能教更多的內容，但是，如果我們重視學生的投入和有意義的學習，使用這種掃過表面的教學方式是無法讓人滿意的。

當我們尋求的是要幫助每一個學生逐漸理解重要但抽象的概念想法和過程技能的時候，我們認為必須改變前述對「教學」工作的描述。以理解為目標的教學，需要老師「啟發」（uncover）學科內容裡的大概念。讓我們用一個比喻來細究這個想法，請想想冰山的圖像，在水面上我們可以看到一部分的冰山，但是如果我們沒有潛入水下，就無法看清整座的冰山。確實，就像冰山的主體是藏在水面底下，最有力量的學科領域「大概念」也是潛藏在基本事實知識和技能的表面底下。當我們說要「啟發」學科內容，我們指的是能夠帶領學生深入學科內容去建構意義的教學方法。研究證實有不少教學方法都能有效的激發探究以及讓各類不同的學生投入學科內容的學習，包括問題導向的學習、科學實驗、歷史調查研究、蘇格拉底式研討會、專題研究計畫、解決問題、概念獲得、模擬演練、產出真實的產品和表現等等。

深入細節的檢視說明每一種教學方法，以本章篇幅實難以做到，所以我們會聚焦在三種普遍通用的教學方法：核心問題、理解的六個面向和WHERETO 架構，它們的設計目的都是為了發展與深化學生對重要概念想法的理解。

應用核心問題在教學中

你會記得我們將核心問題納入逆向設計的第一階段，運用核心問題這

個工具來形構我們想要學生逐漸理解的大概念。現在到了第三階段，我們要透過教學、運用這些問題來讓學科內容活過來。請思考這個關於學科內容的核心問題：如果我們現在研讀的學科內容代表的是「答案」，那麼導出這些答案的問題是什麼呢？不令人意外的，年輕學子很少會有認識論上的覺知（亦即了解知識是如何隨著時間發展，以及不同的學科領域是如何驗證知識的正確有效性），他們傾向於認為學科內容知識是某種「一直存在那裡」的東西，是他們必須學習的東西。因此，「啟發」學科內容的一個工具手段，就是把學科內容架構成某些問題的答案（answers to questions）或某些複雜問題的解決之道（solutions to problems）。這種方法讓學生以一種本質上不同的方式來看見他們正在學習的學科內容的起源和意義，而非只是表面上掃視過貧乏無趣的事實。

　　舉例來說，在一門關於美國政府的課程裡，老師會期望學生學習有關「政府三個重要部門」的知識內容。如果不想讓這方面的知識變成枯燥乏味的記憶背誦內容，請考慮透過這樣的核心問題來介紹教材內容：如果有人變得太有權力的時候會發生什麼事？一個國家（或一個州）要如何預防避免政府領導者濫用他們的權力？有什麼方式可以控制權力？這類問題的目的是要刺激學生去思考學科知識內容存在的理由，引導學生更深入理解它的重要性。在這個例子上，我們想要學生理解我們為何需要一個相互檢核監督、分散權力的系統，以及權力制衡的必要性，因為未受檢核監督的權力可能會導致權力的濫用。

　　這樣的問題是開放式的，相對於導引出預定的「正確」答案，它們的功用類似發射臺，目的是要啟發學生去探索與學習關於權力、濫用、控制的必要、相互監督與制衡等更大的概念。當學生逐漸理解了這些概念，他們就更有可能深入領悟和了解在美國政府組織裡可以發現的多種「答案」（例如：三權分立的政府結構、國會眾議院和參議院兩院的設立、國家會

　整合運用差異化教學和重理解的課程設計

計系統的透明公開和新聞自由）。同樣的，他們在概念上也會準備好可以開始思考其他國家所採用的不同方法，同時也更敏於察覺權力濫用的問題在比較專制統治的國家裡明顯可見。

讓我們再想想兩個核心問題的例子，這次是語文藝術領域。語文領域大部分的教學焦點都是放在技能和過程：你所閱讀的文本會如何影響你的閱讀方式？有效的作家會如何吸引和留住讀者？第一個問題暗示著閱讀方面的一個大概念——你的閱讀方式會受到你正在閱讀的文本的類型所影響。這個問題開啟了通往一連串重要閱讀概念和技能的大門，包含閱讀文類（genres）、文本結構，以及搭配閱讀目的和文本來使用的各種閱讀策略。

同樣的，第二個核心問題（有效的作家會如何吸引和留住讀者？）是用來發掘各式各樣的寫作概念和技巧，包含作者的寫作風格、個人聲音（voice）、文類、組織結構、想法發展、觀眾讀者的考量，以及各種不同的「吸引讀者的釣鉤」。相對於一開始就使用去脈絡化的讀寫技能練習和工作學習單（學生常認為這些是為了讓他們保持忙碌、不致沒事做而故意外加的作業），我們引介這樣的問題，讓學生感受到閱讀和寫作帶有更廣大、更重要的目的。我們教的可能是五段式的論說文形式，但卻是在深入理解文本結構和想法組織的情境脈絡下來進行教學。

在技能和過程導向的學科領域，比如語文藝術和數學，以理解為目標的教學會培養學生的後設認知意識——學生會知道某些技能要**如何**運用、**為什麼**會有用，以及**何時**是運用它們的最佳時機。老師如果未能以這種方式來教技能，通常會導致學生只是機械性的學習，無法遷移應用到其他情境（例如，「知道」計算公式而且能夠將數字「代入」一個去脈絡化的公式裡的學生，但在面對比較真實的文字應用題之時，卻不會應用相同的技能）。

核心問題的作用是開啟學生理解之門。這樣的核心問題存在於每個學科領域當中，而且可被用來組織架構學科內容和過程技能。以下再多舉幾個不同學科領域的例子（McTighe & Wiggins, 2004, pp. 89-90）：

算術（計算）

- 數字是什麼？為什麼要有數字？如果沒有數字會怎麼樣？
- 每樣事物都可以數量化嗎？

藝術（視覺和表演藝術）

- 藝術家從哪裡得到靈感？
- 藝術如何反映文化，同時又形塑文化？

烹飪藝術

- 什麼時候可以不照食譜來烹調食物？
- 「安全」廚房的條件是什麼？

舞蹈

- 我們可以**如何**透過舞蹈的「語言」來溝通？溝通**什麼**？
- 肢體動作能夠以什麼方式引發人的情緒反應？

經濟學

- 什麼因素決定價值？
- 總體經濟學能夠影響個體經濟學嗎（反之亦然）？

外國語文

- 本土說母語的人跟說話流暢的外國人之間有何不同？
- 透過學習另一種語言，我們可以更了解我們自己的語言和文化嗎？可以學到什麼？

地理

- 是什麼讓一個地方變得獨一無二、與眾不同？

- 我們住在哪裡會怎麼樣影響我們如何生活？

政府

- 誰應該做決定？
- 我們應該如何在個人的權利和大眾的福祉之間取得平衡？

健康

- 何謂「健康的」生活？
- 對某個人是健康的飲食和運動計畫，何以對另一個人來說並不見得？

歷史

- 這是誰的「故事」？
- 我們可以從過去的歷史學到什麼？

文學

- 是什麼造就一本「偉大的」書？
- 虛構的故事小說可以揭露「真理」嗎？一個故事應該教你某個道理嗎？

數學

- 在什麼時候「正確的」答案並非最好的解答？
- 數學表徵和數學模式有哪些限制？

音樂

- 在各種不同的音樂形式裡，有聲與無聲是如何組織安排的？
- 如果練習能造就完美，那什麼能造就「完美的」練習？

體育和運動訓練

- 誰是「贏家」？
- 在運動訓練上，追求進步就一定要熬過痛苦嗎？（「沒有痛苦就沒有收穫」，你同意這句話嗎？）

閱讀和語文藝術

- 是什麼造就一個偉大的故事？
- 你如何讀出「字裡行間的意義」？

科學

- 科學和常識之間，有何種程度的相關性？
- 在自然界裡，「外形」與「功能」之間有何關係？

科技

- 科技能夠以哪些方式增進表達與溝通？又會以哪些方式阻礙表達與溝通？
- 科技進步的利與弊是什麼？

寫作

- 何謂「完整的」想法？
- 為什麼我們要使用標點符號？如果沒有標點符號會怎麼樣？

　　像這樣的核心問題，在本質上是會反覆回歸的，也就是說，這些問題我們不會只問一次，它們是用來架構和形成更大的概念想法和過程技能，因此本來就應該要重複探問。實際上，隨著學生逐漸深化他們的理解，我們期望他們的回答會變得越來越精密複雜，具有充分的支持理由和證據。

　　這樣的問題也尊重每個學生在先備知識、技能層次和偏好的思考風格上的差異。核心問題的開放本質邀請**所有**學生一起來思考和回應，而且這些問題的架構也可輕鬆容易的連結到學生不同的文化和生活經驗。舉例來說，「如果有人變得權力太大的時候會發生什麼事？」、「在什麼時候『正確的』答案並非最好的解答？」、「藝術家從哪裡得到靈感？」、「是什麼讓一個地方變得獨一無二？」等等的問題，都可以與各種學生的生活產生連結，並且幫助他們在自己的世界和我們希望他們去發掘的學科內容之間

搭起一座橋梁。

　　習慣使用核心問題的老師，常常會注意到教學與評量之間的那一道線變得模糊了。事實上，直接又實用的一個策略是在教學一開始就提出核心問題作為診斷之用，學生最初的回應會顯示學生對於目前的單元主題知道什麼（或認為他們知道什麼），同時也會暴露出需要老師聚焦處理的迷思概念。同樣的核心問題也可以在學習單元的中段和教學的結尾提出來，讓老師（和學生）能夠觀察記錄學生隨著時間而逐漸擴展概念的成長情況。

　　作為這節的結論，我們提出教學中使用核心問題的六個實用訣竅：

- 少即是多。一個真正的核心問題是可以走得很長遠的，我們建議每個單元只使用少量的核心問題（二到五個）。當你使用多於一個的核心問題時，要好好安排問題的順序，能夠從一個問題「自然的」引導到另一個問題。

- 要確定學生們都了解探討這些核心問題所需要的關鍵字詞彙。

- 因為核心問題的目的是要讓學生投入思考與學習，所以必要時，請運用「孩子的語言」，讓孩子更容易理解這些問題。編輯修改問題的用語，讓它們變得很能吸引這個年齡層的學生、能刺激他們思考。

- 幫助學生將核心問題個人化，邀請他們分享例子、個人的故事和直覺想法，鼓勵他們帶相關的剪報和手工藝品到課堂上來，讓這些問題的探討活躍起來。

- 在教室裡張貼核心問題，讓它們變得清晰可見，這象徵核心問題很重要，而且隨時皆可引入「最佳教學時機」（teachable moments）。

- 運用如圖表 7.1 所列的跟進策略（follow-up strategy），讓更多學生參與討論，深化他們的理解和思考。

- 記住「候答時間一和候答時間二」

  在提出一個問題之後以及一個學生回應之後，提供至少五秒鐘的思考時間。

- 隨機點名學生回答

  避免養成習慣只點那些舉手的學生來回答問題。

- 運用追問問題與跟進說明

  「為什麼？」「你可以解釋嗎？」「你同意嗎？」「你是怎麼知道的？」「請舉出一個例子。」

- 針對開放式問題，提供回應線索

  「這個問題並沒有單一的正確答案，我希望你們多想想其他的可能。」

- 要求學生「拆解他們腦袋裡的思考」

  「說一說你是怎麼得出這個答案的？」

- 每隔一段時間就要求學生摘要歸納

  「可以請你歸納一下目前 ＿＿＿＿＿＿＿＿（這篇文章、這位說話的人、這部電影、我們的討論）的重點嗎？」

- 扮演魔鬼代言人

  要求學生對比不同的觀點來捍衛他們自己的推論思考。

- 調查全班的意見

  「有多少人同意 ＿＿＿＿＿＿＿＿（這個想法、作者的觀點、那個結論）？」

- 提出後設認知／反思型的問題

  「你怎麼知道你知道什麼？」「你是怎麼理解到這個的？」「你可以如何展現你所理解的想法？」

- 鼓勵學生提問

  提供機會讓學生提出他們自己的問題。

- 運用「思考─配對─分享」策略

  給予個人思考的時間，然後跟一位夥伴討論，最後開放全班討論。

應用理解的六個面向當作教學工具

我們在第三章曾簡要介紹理解的六個面向，而後在第五章討論評量時又再次提及，現在，我們要將這六個理解面向想成產生學習活動的一個架構。雖然這六個面向原本被認為是一系列觀察學生理解的指標，但後來也證實它們對於激發教學想法很有用處，可以用來「勾引」學生探究一個主題、讓學生投入高層次的思考、刺激他們思考其他的觀點、促進學生自我評量和反思。

圖表 7.2 列出了一些跟每個面向有關的動詞。透過這些動詞可以聯想到各種讓學生主動投入處理想法和建構意義的學習經驗類型。事實上，已經有不少老師表示這些面向確實能夠刺激他們自己思考如何幫助學生認真細心的探索不同的主題。以圖表 7.3 的組織圖為例，呈現出一位老師在思考規劃入門的營養單元時，依據理解的六個面向進行腦力激盪之後的結果。

在回應式的差異化教學上，這六個面向也扮演著很有用的角色。當學生展現出某些思考方式的偏好和優勢時，這些面向可以讓學生運用多元的方式來探索學科內容。舉例來說，有些老師會讓學生選擇運用一或兩個面向來探索一個主題，在運用這個或這些面向來思考、準備之後，他們可以跟其他選用不同面向的學生組成「拼圖式」合作小組，分享和聆聽彼此的想法。

這樣的策略相信「學習是透過社會媒介而形成」的理念（Vygotsky, 1978）──也就是，當我們跟其他人討論想法、聆聽不同的觀點意見、一起合作「發掘」藏在學科內容底下的概念時，我們就是在建構意義和深化我們的理解。

規劃學生如何展現理解的可能方式時，請想一想以下所列的表現動詞。

說明	詮釋	應用
示範	類比（創造）	調整改編
導出	評論	建立
描述	利用文件資料證明	創造
設計	評鑑	除錯
展示	舉例說明	決定
表達	判斷	設計
歸納	賦予意義	展示
指導	理解	發明
說明理由	比喻（提供）	表現／表演／實作
模擬／用模型展示	讀出字裡行間言外之意	製造／產出
預測	呈現／描繪／表徵	提議／提案
證明	述說故事	解決
展現／表演	翻譯／轉譯	測試／驗證
綜合／統整		運用
教導		

觀點	同理	自我認識
分析	假裝是某個角色	覺察／知道
論證	相信／認為	發現／體悟
比較	如同／像是	認清／認識
對照	開放心胸去了解	反省
批判	考慮	自我評估
推論	想像	
	產生共鳴	
	角色扮演	

資料來源：引自 *Understanding by Design Professional Development Workbook* (p. 161), by J. McTighe and G. Wiggins, 2004, Alexandria, VA: Association for Supervision and Curriculum Development. Copyright 2004 by ASCD.

運用理解的六個面向設計出可能的學習活動，吸引學生投入，訓練、裝備學生的知能以達到期望的表現，並且重新思考先前的想法概念。

說明

發展一本小冊子來幫助年紀比較小的學生了解均衡的飲食是什麼意思。

應用

為班級派對設計一份菜單，包含健康又美味的點心。

詮釋

討論：「速食」大受歡迎的現象，說明了現代生活什麼樣的特性？

主題：

營養

同理

想像：如果因為某種疾病或醫療狀況而必須限制日常生活的飲食，你可能會有什麼感覺？

進行研究來找出食物金字塔指南能否應用在別的地區（例如南極、亞洲、中東地區），以及各種不同的飲食習慣對於健康和壽命的影響。

反思：你是一個健康的飲食者嗎？你給自己打幾分？你可以如何成為一個更健康的飲食者？

觀點

自我認識

資料來源：引自 *Understanding by Design Professional Development Workbook* (p. 231), by J. McTighe and G. Wiggins, 2004, Alexandria, VA: Association for Supervision and Curriculum Development. Copyright 2004 by ASCD.

不管是運用哪種方法，很重要必須記得的是：這六個面向是概念上的工具，它們本身不是目的。我們的目的並**不是**要提出能夠在任何時候運用所有這些面向的活動和評量，相反的，老師要能依據當前要教的特定學科內容來選擇最能夠讓學生投入有意義的思考的幾個面向，並且運用這些面向來當作評量學生是否理解這些學科內容的適當指標。

提醒：以「階梯」比喻學習是有問題的

　　當我們提出這種「為理解而教」的方式時，經常可以聽到老師們表達以下的擔心：「嗯，那對資優學生可能很有效用，但是我的學生還沒精熟基本的事實或技能，所以他們怎麼可能理解更抽象的概念，甚至期望他們能夠運用這些概念呢？」這樣的擔憂通常都出於善意，但卻顯現出一種常見但（就我們來看）根本錯誤的對學習的概念認知。這種觀點的特徵，也許可稱為「爬階梯」的認知模式，贊同這種認知的人會假設學生在能夠處理比較抽象的學科概念**之前**，必須先學會重要的事實，同樣的，他們也認為學生**必須**先精熟一項又一項的技能，然後才能期望他們能夠以更統整、複雜、真實的方式來應用這些技能。

　　這種「階梯」的認知觀點產生了兩個問題。它似乎符合我們的直覺（就像「世界看起來是平的」的觀察），但是它跟當前對於學習歷程的看法是矛盾不合的，就像心理與評量專家 Lori Shepard（Nickerson, 1989）所說的：

> 「學習是透過一小部分、一小部分的累積增加而得來」的想法，是已經過時的學習理論。當前以認知心理學為基礎的學習模式認為，學習者是在建構自己的知識、發展自己的認知地圖好讓事實和概念之間產生相互連結關係的時候，逐漸獲得理解。（pp. 5-6）

就好像學步的嬰幼兒不必等到掌握文法規則之後才開始說話，任何學齡階段的學生也不需要等到完全精熟基本知能之後才能開始嘗試運用這些知能。

諷刺的是，這種對於教與學的認知信念，可能因為布魯姆認知層次分類法（Bloom's taxonomy）而不知不覺的受到強化。這個教育目標模式原本是由 Benjamin Bloom 和同事在多年前提出來的（Bloom, 1956）。諷刺的地方在於，布魯姆認知層次分類法的目的，從來就不是要被拿來當作一種學習的模式或教學的指引，相反的，它是發展來當作一個評量的架構，用來分類大學測驗評量題目的認知複雜度。此外，Bloom 也主張，所有學生都必須進行各種認知層次的學習，這是很重要的。儘管如此，多年來，許多老師已經誤把他的認知層次分類法當成指導差異化教學實施的架構——也就是，高層次的思考是給資優學生的學習，基本技能是給低成就學生的學習。**運用布魯姆認知層次分類法作為實施差異化教學的架構是完全站不住腳的。**

學習階梯的觀點帶來的第二個問題直接影響了低成就的學生。這些在學習路上掙扎中的學生因為比較不可能精熟基本知能，所以經常被限制在這樣的教育方案裡：低層次、反覆技能練習的活動、具體事實的記憶背誦，以及那些讓人心生厭惡、頭腦麻木、不斷為考試做準備的工作學習單。不幸的現實是這些學生大多永遠無法跨過第一層的階梯，因此只擁有最稀少的機會能夠以有意義的方式實際運用他們所學。

請回想前一章提過的教練比喻，有太多的學生，他們大多數的學校學習經驗都類似於脫離情境脈絡的場邊技能反覆練習，從來沒有機會實際下場比賽——也就是，沒有機會有意義的應用他們所學習的內容。

我們當然不是在暗示基本知能不重要，相反的，我們相信透過反覆練習和實際應用的交互作用，結合真實任務（例如比賽），才能達到有意義

的學習。事實上，就是要在相關的情境裡嘗試應用知識和技能，學生才能逐漸了解到基本知能的必要性，因此，我們要鄭重提醒老師，不可限制甚至不提供初學者或學習困難學生有意義的應用知識和技能的機會。

全部整合在一起：WHERETO 架構

計畫先於教學。我們建議，老師們在發展學習計畫的時候，應該要考慮這一系列由首字母組合而成的 WHERETO 原則。這些設計元素為第三階段的教學計畫提供了骨架或藍圖來支持協助我們達到目標：為所有學生的理解而教。

我們以「需要思考的問題」的形式架構出每一個 WHERETO 元素，列出每個字母所代表的設計問題，目的是鼓勵老師從**學生的**角度思考，因為學生應該永遠都是教─學過程的中心。

W＝我要如何幫助學生知道他們將要學習「什麼」（what they will be learning）？「為什麼」（why）這值得學？「什麼」證據（what evidence）會顯示他們的學習？會如何評鑑他們的表現？

所有年齡層的學生在了解學習目標是什麼，並且認為這些目標是有意義的、跟他們個人有關聯的時候，都比較可能會付出努力來達到成功的標準。WHERETO 裡的 W，提醒教師必須清楚的溝通學習目標，並且幫助學生看到這些目標與他們的關聯性。此外，學生也需要知道伴隨的表現期望和評量準則，藉以展現他們的學習，如此一來，學生就有清楚的學習標的，以及監控自己達成目標的進展狀況的基礎。

想一想以下這個「W」實際運作的例子：一位中學語文藝術教師的教室裡，有一面很大的布告欄，她在上面黏貼了實際尺寸大小的射箭標靶

整合運用差異化教學和重理解的課程設計

（從體育部拿來的）。在每個主要學習單元的一開始，她引導學生到布告欄前面，討論這個單元的「標靶」——重要的目標和學習本單元內容的基本理由。作為單元介紹的一部分，她會討論學生在學習本單元的最後所要完成的實作表現任務。在布告欄上，她也放置了一大張評量準則表，列出她將會用來判斷學生最後實作任務表現的標準，並且跟學生一起檢視這些評量準則。為了增進學生對於評量準則的理解，她也在布告欄上放了一些前幾年學生的成果作品（移除了學生的名字）當作例子，這些展現不同品質的示例作品，擺放在標靶的周圍，並且連結到評量準則表裡的不同表現層級。這些例子為評量準則和表現層級提供了具體可見的示範說明，因此，對於學生的學習表現期望以及他們作品會如何被評量的標準不再是個「謎」。不只是這面布告欄在單元一開始就提供了清楚的目標和表現期望，而且老師也運用學生的示例作品連同評量準則，協助她整個單元的教學與引導學生的學習歷程和自我評量。

這個布告欄的做法，已經被不同學科、不同年級的許多老師採用。透過展示多種示例來告訴學生不同的作品還是能夠達到品質評量準則，老師們發現他們可以不必降低標準的差異化處理成果和表現。多元的例子示範說明了「多元不同的卓越表現」，同時也有助於避免學生像複製餅乾模型一般只做沒有原創性的模仿。

H＝我要如何「吸引勾住」（hook）學生，讓他們投入學習？我要以什麼方式來幫助他們將預期要學的事物跟他們的經驗和興趣連結在一起？

「在嘗試教人之前，必先吸引他們的注意。」這句古老的諺語裡有一種智慧，最好的老師永遠都知道透過引起動機的入門活動來「吸引勾住」學生的重要性，那些活動能給學生的心靈「搔搔癢」，讓他們的心投入學

習過程當中。因此，我們鼓勵老師們仔細思考計畫一些方法，能夠勾引學生想要學習即將要教的主題。

這裡有個例子：在地圖與地球儀的單元裡，一位小學老師在某堂課要教經度和緯度，一開始，她告訴學生今天他們要當偵探來解開百慕達三角洲之謎。在建立了有關三角洲理論的基本資訊後，她將學生分組，每四位學生組成一個合作學習小組，然後發給每一組一張地圖，地圖上已經用黑筆標示出百慕達三角洲的區域。接著她把一組座標投射出來，這些是傳說中因為三角洲的影響而「消失」的船隻和飛機的失蹤地點，然後要求學生在他們的地圖上標示出這些地點。她簡短示範了要怎麼運用經度和緯度來定位出這些地點，學生很快學會了怎麼做，所有船隻和飛機的消失地點很快被標示出來，然後各個小組分享和比較他們在地圖上畫出的點。

在老師的問題引導下，全班學生做出結論說百慕達三角洲理論是有錯誤的，因為許多謠傳的消失地點發生在三角洲區域之外。

老師接著總結這個活動，指出在其他地圖和地球儀上面的經緯度座標，並且討論經緯度的作用和目的。在成功的勾起學習動機活動之後，老師後退一步並且將這個學習經驗連結到這個單元的更大目標和核心問題：「我們怎麼知道——以及我們怎麼告訴別人——我們在世界上的哪個地方？」

這個例子裡值得注意的有趣之處在於，這一堂課完全沒有出現「站在前面講臺上講述」的教學方式，它不是從教科書的重要字詞彙或文章開始。相反的，老師是以一個有趣的謎和解開謎題的挑戰來吸引學生，藉由讓他們積極主動投入一個有目的、有吸引力的經緯度運用問題，她見證了學生建構意義的過程，也就是，學生們看到了以座標系統來標示地圖或地球儀上的地點的必要性。透過仔細的交織安排合作學習小組的成員組合（包含一個高成就學生和一個掙扎中學生），同儕教學變成這項偵探工作

裡很自然的一部分。

有效「勾引」學生的其他例子包括：刺激思考的核心問題、違反直覺的現象、爭議性的議題、真實的問題與挑戰、情感的衝突和幽默有趣的例子。當然，我們必須留意，不能只是提出有趣好玩卻沒有承先啟後價值的入門活動，我們的意圖是要讓這個勾子跟學習內容和學生經驗搭配起來——透過設計——成為一個手段來吸引學生走進豐富、有成效的學習經驗。

E＝我要如何「訓練裝備」（equip）學生的知能，讓他們精熟預定的課程內容標準並成功達到期望目標的表現？什麼樣的「學習經驗」（experiences）有助於發展和深化對於重要概念想法的理解？

理解無法像運送貨物一樣簡單的從一個人的心智轉送到另一個心智。「達致理解」（come to understand）需要由學生這一方主動投入心智運作，因此，有效的教育者不能只是教完教材內容，而是要以引導學生投入、自己建構意義的方式來「啟發」最持久的概念想法和過程技能。為了達到這個目的，老師要在建構式學習經驗、結構式活動和直接教學之間，做出合宜的平衡選擇，以幫助學生習得期望的知識、技能和理解（例如圖表 6.1 所示的教學策略）。

WHERETO 的第一個「E」，和逆向設計的邏輯特別有關聯性，如果我們在第一階段清楚的定義出期望的結果，而且也在第二階段仔細思考需要的證據，那麼我們就可以進行逆向設計，把標靶聚焦在最相關的教與學的經驗上（而非只是走過教科書裡的課文內容）。換言之，我們在第三階段應該要教**什麼**以及**如何教**的決定，乃是受到前面兩個階段的重要優先順序的指引。

當我們在第一階段找出期望的理解目標，並在第二階段規劃相對應的

學習表現評量方式之後，我們可以很快的決定這些評量方式需要用到什麼知識和技能，然後依據這些分析來進行教學。實質上，班級教師會計畫好要如何訓練學生，為他們裝備足夠的知能來面對最後的實作表現任務，就像有效能的教練會讓團隊成員做好準備來面對即將到來的比賽一樣。

R＝我會如何鼓勵學生「重新思考」（rethink）先前學到的事物？我會如何鼓勵他們持續不斷的調整（revision）與修改（refinement）？

很少學生能夠在第一次遇到抽象概念想法時就發展出對它的完整理解。確實，「達致理解」這個詞暗示著它是一個過程，隨著時間推移，學生透過思考和重新思考、從不同的觀點來檢驗想法、探索潛藏的假設、接受回饋意見以及修改調整，發展和深化他們的理解。就像寫作品質會因為反覆的打草稿和修改的歷程而變得越來越好，所以，理解也一樣會變得越來越成熟。WHERETO 的「R」鼓勵教師要明確的在教學過程中提供這樣的機會。

舉例來說，一位高中攝影老師介紹了三分法（或稱井字構圖法）的規則，並要求學生應用這個構圖技巧來拍照。在學生們表現出對這個攝影構圖基本規則有所理解之後，他展示一些令人驚豔的攝影作品給學生看，這些照片為了戲劇性效果而打破這個三分法的規則；換言之，老師故意挑戰「所有畫面構圖都必須遵守公式化規則」這個一元化的想法，來幫助學生發展出更加精緻複雜的理解。同樣的，有效能的寫作教師也會努力帶領學生超越基本五段式的論述結構，進一步去探討有效說服式文體的細緻差別。

此時，有些讀者可能會想：「你們說的對，但這種方法需要時間，我們不可能這樣教我們要教的每一樣東西。所以，我們應該在什麼時候、用什麼方式來鼓勵學生重新思考和修改調整？」

我們的建議是，當老師們在教非常重要的學科內容（亦即，持久的理解），對學生而言很難領悟了解，因為它違反學生的直覺思考（如：分數除法），或過於抽象（如：讀出字裡行間的言外之意），這些時候就是要考慮「R」的時機。

許多年來，老師們已經運用了多種實用的技巧來鼓勵學生重新思考和修改調整，包含：扮演魔鬼代言人、呈現新資訊、進行辯論、建立同儕回應小組和要求學生定期自我評量。最後，我們提供這句格言來提醒WHERETO 的「R」的價值：**如果它值得理解，就值得重新思考。如果它值得做，就值得反省再思。**

E＝我要如何促進學生自我「評鑑」（self-evaluation）和反省思考？

獨立能幹的學生跟一般學生的差別，在於他們設定目標、自我評估進展和視需要而調整的能力，但是，教學過程中最常被忽略的面向之一就是幫助學生發展自我評鑑、自我調整和反思的後設認知技能。Art Costa 和 Bena Kallick（2000）在他們一系列談這個主題的書籍中提醒我們：未能培養這些「心智習性」（habits of mind）的教育，其實冒著極大的風險，很可能產生無法細緻思考與彈性遷移應用所學的學生。

教師可以透過提供機會要學生經常自我評量和反思自己的學習，來支持學生發展這些能力。一個自然增進學生自我評量和反思的方式是提問類似以下的問題：

關於 _____，你真正理解了什麼？有什麼還是讓你感到疑惑的？

你可以如何改進 _____？下一次，你會有什麼不一樣的做法？

你最感到驕傲的是什麼？你最失望的是什麼？

在 _____ 方面，你的優點是什麼？你的缺點又是什麼？

你自己偏好的學習風格會如何影響 _____？

你所學到的東西要如何跟其他的學習連結起來？

你所學到的東西是如何改變了你的思考？

你要如何運用你所學到的東西？

即使是國小學生的老師，也可以開始培養反思型的學習者。舉個例子，有位一年級老師利用一個青蛙卡通人物發展了一系列的海報，來告訴學生重要的訊息（例如，**停下來想一想**：「我做得怎麼樣？」、「我可以把這個做得更好嗎？」、「我學到了什麼？」）。這些海報展示在整間教室裡，作用是經常提醒學生關於自我評鑑和反思的重要性。

T＝因應學生不同的學習準備度、學習風格和興趣，我要如何「量身定制」（tailor）學習活動和我的教學方式？

WHERETO 裡的「T」，指的是針對已確認的學生需求和優勢長處（亦即準備度）、興趣和偏好的學習風格來量身定制和調整教學的重要性。這本書裡有很多部分都提供了這種差異化教學的建議。

O＝學習經驗要如何「安排組織」（organize），才能促成最多的學生參與和最有效的學習？對我的學生和這些學習內容來說，什麼樣的順序排列會最有效用？

最後，要幫助學生達致對大概念的深度理解，需要仔細的組織安排各種學習經驗。WHERETO 裡的「O」只是要提醒老師們，在決定什麼是幫助各種學生群體達成期望學習結果的最佳工具手段時，必須仔細考慮學習經驗的順序或連貫性。

傳統的教學方式基本上是遵循著一種線性的順序（通常是由教科書規定），從具體的事實和技能開始，逐步建立較為抽象的概念和過程。雖然這種方式在某些情境下可能有用，但就像我們前面說過的，這種爬階梯式的學習模式已經受到學者專家的質疑挑戰。

　　與其要求學生在進行更真實的應用之前必須先精熟所有基本知能，有效能的老師會設法讓他們的學生沉浸在有意義、有挑戰性的任務和真實問題當中（Stigler & Hiebert, 1999）。學生在真實情境脈絡裡摸索、探究概念想法和過程，逐漸會看到基本知能的必要性以及它們所能發揮的更大作用和目的。理解的發展與深化，是在嘗試以有意義的方式運用知識的過程當中，而不是在脫離情境脈絡的反覆技能練習裡。

　　請想一想這位現代史老師的例子，他從現代開始他的課程，然後回溯到過去，目的是幫助學生看到過去歷史在形塑當前事件的關聯性。這位深思熟慮的教育者體認到傳統歷史課本的線性順序，事實上可能跟自然的學習發展過程是衝突矛盾的。同樣的，其他的教學方法——諸如問題導向學習、過程寫作、蘇格拉底式研討會、科學的 5E 教學法和網路探究法——也都顛覆了傳統從部分到整體的順序，改而支持更整體全面的、要求學生自己建構意義的學習經驗。

　　總而言之，WHERETO 原則具體展現了研究證據為本的原則，也反映出最有效能教師的最佳實務做法，因此，WHERETO 可用來提醒老師在計畫教學時必須考慮每個元素。當然，我們並不期望 WHERETO 的每一個元素都會出現在每一堂課的設計裡，WHERETO 的目的反而是用來指引老師如何在一個更大的學習單元裡設計**一系列的**課堂教學活動。所以，我們還是期望看到每一個元素能夠反映在一個重要主題的完整學習單元裡面。

8

評分與成績報告

不容妥協的有效評分原則是什麼？

由 UbD 和 DI 形塑的教室裡，成績單看起來可能是什麼樣子？

什麼樣的評分和成績報告做法能夠支持學習和鼓勵學生？

　　對許多老師來說，評分是一道矛盾的習題。一方面，他們想要鼓勵和支持自己教的學生；另一方面，老師又覺得自己必須扮演裁判和評鑑者的角色，以符合評分簿和成績報告的相關規定。這些不同的立場看起來經常相互矛盾對立，使得以學生為中心的教育者感到很不舒服不然就是必須妥協讓步。

　　這種明顯的角色對立，對於實施回應式或差異化教學的教師來說，似乎特別令人困惑。他們的實際課堂重視、讚揚並關心學生準備度、興趣和學習風格的多元差異，在他們的教室裡，學生的多元差異並不被視為一種問題，而是與人一起學習工作必然存在的一種自然且具有正向建設性的面向。雖然看似相互對立，但成績單及其相關的迷思觀念隱隱約約的浮現，彷彿是一種提醒：在一天結束之際，學生仍然必須被老師以標準化與量化的程序來描述和評比學習狀況，而這些標準和程序明顯對人類的差異是無感的。「我知道我在差異化教室裡可以怎麼教學，」這樣的老師常常說：「但是我怎麼能夠用一種標準來給所有學生評分呢？」儘管在標準化本位的教育系統和回應式教室的需求之間有著明顯的矛盾衝突，但我們仍堅決主張：完善的評分和成績報告的做法，可以是豐富的差異化課程自然延伸

的一部分，也是教學過程中無縫結合的一部分。

形式隨功能而生

　　評分可被視為一個兩部分的過程：（1）在某個特定時段結束之際，給學生象徵性的等第字母或分數，等於是評鑑學生在學習循環的這段期間當中的學習表現；（2）向學生和家長報告這些評鑑結果。我們相信，**評分和成績報告的主要目的是跟重要的對象溝通，例如學生和家長，給予高品質的回饋來支持協助學習的歷程，並且鼓勵學生邁向成功**。這個目的引導我們深思，在運用逆向設計和差異化教學來指引教學實務的教室、學校和學區裡，評分和成績報告看起來可能是什麼樣子。將之轉化成核心問題的話，我們會問：「我們要如何知道我們提供給家長和學生的是高品質的回饋？我們要如何確定我們在評分和成績報告的過程中所傳達的訊息有助於支持學生的學習歷程？我們應該以何種方式來評分和敘寫成績報告，以鼓勵學生邁向成功？」

有效評分與成績報告的指導原則

　　就像逆向設計和差異化教學，評分和成績報告也是嚴肅的事情，需要深思熟慮的考量。如同我們在第三章建議學科內容應該環繞著大概念和幾個組織原則來做組織安排，我們也將有關評分和成績報告的建議做法，大致分類成六個重要原則。

》 原則一：評分與成績報告應該以清楚明確的學習目標和表現標準為依據

逆向設計的邏輯規定，我們應該從一組預先建立、清楚描述、結合特定學科內容的學習目標開始（第一階段），然後再決定用來判斷學生是否達成這些目標的適當證據，並且選擇或設計能夠產出那些證據的評量方式（第二階段）。接著發展出表現標準，來回答諸如：「多好算是夠好？」、「什麼樣的表現或條件可以達到 A？」等等的問題。最後，我們以評分和成績報告當作手段工具，依據這些標準來描述說明一個學生的成就程度。就如評分專家 Ken O'Connor（2002）指出的：「為了讓一個分數真正擁有實在的意義，我們不能只給一個字母或分數，必須有更多的關係意涵包含在其中。有意義的表現標準需要描述說明評分量尺上每一個符號所代表的學生學習工作的品質。」

換言之，一個分數應該代表一個可以定義描述的精熟程度，顯示學生對重要的學習目標掌握了多少。因此，教育者應該建立成功的指標，描述說明他們會透過哪些標準來測量成功的程度，據以評量學生，並以清楚、一致的方式來報告評量的結果。

》 原則二：用來評分的證據應該有效度

如同第三章討論過的，如果一個評量方式能夠產出關於期望的學習結果之有效推論，那麼它就是有效度的——亦即它測量的是我們希望它測量的，而不是其他無關的因素。比方說，如果我們想要測量學生應用密度和浮力概念的能力，那個能力的證據就不應該被學生有限的英文能力、學習障礙或無法閱讀指令的問題所混淆或模糊化。學生是否忘記在考卷上寫姓

整合運用差異化教學和重理解的課程設計

名或他們寫的字是否工整好看，都不應該影響評分。也就是，我們必須盡可能的移除干擾的因素和情境條件，讓學生真正展現他們最終知道、理解了什麼、能夠做到什麼。一個分數應該盡可能清清楚楚的評量學生所能做到的最佳狀態，而不是被籠罩在離題或限制因素造成的一團迷霧當中。

》》原則三：評分應該以事先建立的評量準則為依據，而非隨意任選的標準

假若我們是以一個學生相對於班上其他學生的成就來評定他的分數，就有可能損及分數的意義。在這種常模參照的評分系統裡，一個學生可能因為他是非常低成就班級裡「最好」的表現者而得到一個 A，或因為他是優秀高能力班級裡「最糟」的學生而得到 C。而且，常模參照的評分會助長一種不健康的競爭風氣，因為競逐的獎勵很有限（也就是限量的 A 和 B 級分），有些學生必然會成為「贏家」，有些必然是「輸家」。因此，我們非常不鼓勵常態分配曲線的評分做法（雖然它仍然到處出現），取而代之的，我們建議使用標準參照的評分方式。相對於尋求常態分配的鐘形曲線，我們應該努力邁向 J 形曲線——在這樣的評分系統裡，學生的成就是根據清楚定義的評量標準來評定，因此所有學生都有機會可能賺得高分。

在某些特殊的狀況裡，當一個學生努力的學習目標跟班上其他學生的目標不同時（例如，有個別化教育計畫的學習障礙學生，或有加速學習計畫的資優學生），他們的個人目標應該清楚明確列出來，然後再提供適當的評量方法——對那些目標**以及**對學生個人獨特的情境條件而言是適當的——來作為評分的基礎。

≫ 原則四：不是每樣事物都應該納入分數計算當中

　　評分（grading）和**評量**（assessment）並不是同義詞。**評量**的焦點在於收集有關於學生成就的資訊，這些資訊可以用來做出教學的決定；**評分**則是在學習單元的終點做出有關學生成就的判斷。雖然評分會引用評量的資料，但針對全部或大部分的評量都打分數或標等第，卻是不智之舉。舉例來說，診斷性評量（或學前評量）就永遠都不應該打分數，它們是在一個教學循環的起始點所做的評量，目的是要決定學生的精熟程度、檢核是否有迷思概念，和了解學生的興趣與學習風格偏好，它們可以提供老師珍貴的訊息來指引教學設計和實際教學。在教學開始**之前**，就要學生為他們知道多少（或不知道多少）負起責任，這是不適當的。形成性評量則應該盡量避免變成影響最後分數的一個因素，這些評量帶給老師和學生有關學習歷程的持續回饋，並讓師生雙方都知道需要做哪些修正或調整。形成性評量提供許多機會讓學生去練習、做心理層面的冒險嘗試、從錯誤中學習以及修正他們的作品和學習。它們讓老師能夠分析學生到目前為止的表現，並提供切中目標的改善建議和回饋，因此這並不是用力評鑑的時機。（當然，老師可能會想要記錄學生是否完成作業、他們修改有缺陷的作品的意願、他們的堅持毅力等等，作為之後針對學生的學習工作習慣撰寫報告的依據。）

　　評分的分數應該大部分是從總結性評量的結果而來，而總結性評量必須經過仔細的設計，能夠讓學生好好展現他們在達成期望的學科課程目標的過程中逐漸累積的精熟度。

▶▶ 原則五：避免以（算術平均數）平均值來評分

我們跟其他評分專家站在同一陣線，質疑挑戰這種廣泛使用的「將整個評分期間的所有等第和分數平均，得到一個數字作為最後分數」的做法。請用以下這個幽默的趣聞來思考平均值的問題：有個男人坐在非常高溫的老式室內散熱器上，並且赤腳踩在一大塊寒冰上，當有人問他室內溫度時，他回答：「平均而言，室溫算滿舒服的！」這則幽默的故事有一個嚴肅的重點：平均值可能會產生誤導。

取代這種平均計算**所有**分數等第的做法，我們強力建議老師在一個學習循環的**後期**再來評鑑學生的成就，而不是把早期的那些分數也納入計算。如果我們的目標是學習，而學生在八週的評量期間達成了目標，這位學生就不應該因為他沒有在第二或第四週就展現精熟目標的結果而被處罰。學習的第二次機會遠比學習的速度重要許多，早期的分數可能會低估學生後來的成就，因此造成一種「分數迷霧」──對於學生實際的知識與技能程度的誤導印象。換言之，學生究竟學會了**什麼**應該是比**什麼時候**學會更重要。

O'Connor（2002）曾經建議，分數應該以多種來源的證據來「決定」，而不是用純粹量化的方式來「計算」。這個過程牽涉到判斷，當我們的判斷是有清楚的目標、有效的測量方法和明確的表現標準，我們就可以透過分數來提出公平而且有效正當的判斷。如果計算平均是學區的要求，O'Connor 建議我們使用中位數（median）或眾數（mode）──而非平均數（mean）──作為算出一個分數的基準。

順帶提一個相關的話題，對於學生沒有準時交出作品或完成作業就給他們零分的做法，我們必須提出批判。論這種做法的缺點，要回溯到評分的基本目的：精確溝通學生的學習成就。如果分數是要提供學生學習特定

課程內容標準的紀錄，那麼以缺交作業的一堆零分來計算平均數，就扭曲了這個紀錄。舉例來說，一個學生可能把學科內容學得很好，但是因為缺交作業而被扣分，導致實際上看來（根據分數來看），他的成就低於另一個完成了所有作業但學得比較少的學生。

當某個零分變成計算平均數的一個係數時，這個問題會變得更加嚴重，就像評分權威專家 Tom Guskey（2000）的觀察評述：

我們當然知道學生學習工作習慣和學習態度的重要性，也認為學生應該被期望要完成作業、付出努力和遵守合理的行為規範。但這裡的重點是要區隔過程和結果。（順帶一提，不打「0」分，你可以標示「I」來代表未完成或證據不足，後面接著說明全班都知道要承擔的後果，如：下課時或放學後留在教室，把必須繳交的作業完成。）（p. 48）

》 原則六：聚焦在學習成就上，並且獨立分開報告其他的因素

一個分數應該盡可能清清楚楚的量測一個學生所能做到的最佳狀態，但很常見的是，分數反映的是一團多元因素混雜的未知綜合體。當除了成就以外的其他成分被放進來一起計算分數的時候（如：努力程度、準時完成功課、課堂參與度、進步程度、出席率、家庭作業、態度、行為等等），這個問題就變得一目了然了：三個學生可能得到相同的分數，但原因卻**非常**不一樣，這樣的溝通系統怎麼可能有效？這個問題超出了個別教師可處理的範疇，除非一個學校或學區的所有老師能完全同意評分系統裡所包含的元素，並且運用一致的方式把它們列為計算分數的係數，不然的話，分數的意義將會隨著一間一間教室、一所一所學校而有所不同。

我們知道像學習工作習慣這樣的因素在學習過程裡的重要性，實際上，我們也建議應該將學習工作習慣、學習態度和其他重要的元素列入成績報告裡。這裡，我們的關鍵重點只在於，這些因素應該要跟「以既定目標和表現標準為本的實際學習狀況評量」**區分開來**，另外獨立的處理和撰寫報告。

差異化、評分與動機：需要關切的特殊議題

前面所說的六個原則，反映了評量、評分和成績報告方面的學者專家的共識想法，這些原則支持逆向設計的邏輯和標準本位的教育系統。不過，它們也引發一個與評分有關的議題，特別是在實施差異化教學的許多老師心裡，他們反映了這樣的擔心：評分可能會傷害某些學生的學習動機。

在常模參照的評分系統裡，學困掙扎中的學生最終仍然注定活在分數金字塔的底端。學習障礙、語言能力問題、情緒控制和其他的困難挑戰通常會持續存留在這些學生的生命裡，因此，跟那些不需要克服這些問題的學生相比之下，掙扎中的學生基本上每一年都會得到低分。許多在學校裡掙扎奮鬥的學生，能夠週復一週、月復一月、甚至年復一年持續的「好好戰鬥」，其實是人類恆毅力的證明。但最終，明顯可見的是，不管他們付出多少努力，不論他們展現多少進步，堆疊起來的成績報告還是對他們不利，而且也沒有任何分數證據可以指出他們努力的結果是成功的。在經過一段時間以後，這些學生被遺留在那種糟糕的處境裡，自己做出了「要不就是自己愚蠢，要不就是學校愚蠢」的結論。對於那些投注不少心力在學校課業卻持續收割失敗結果的學生來說，推導出這樣的第一個結論，難道有錯嗎？能夠做出「學校根本就有問題、根本不值得我認真努力」的結

論，對於學生自我感受的傷害是比較小的吧！

事實上，以動機、成就和自我效能感來說，這兩種結論的代價都太高了，高到分數竟然會讓掙扎奮鬥中的學生不願意再付出必要的努力和投資自己的學習成長的程度，這裡面必然有問題存在。在以安全感、適度挑戰、相互尊重和團體感為必要特徵的差異化教室裡，這當然會是一個嚴重問題。

在成就光譜的另一端，競爭型的評分系統會偏袒能力優異的學生——而且常常偏袒到有害他們學習的程度。在這種評分情境底下，就像學困生注定會得低分一樣，這些學生注定會得高分，在我們大多數人看來，這幾乎不構成一個問題，身為保證會得 A 級分的受益者，結果能有多可怕？

實際上，就像對學困生一樣，競爭型的評分系統對能力優異的學生也會造成嚴重的問題。這些學生早早就學到：努力並不是成功的先決條件。最後，他們會開始相信：如果你夠聰明，你應該就不用努力學習。高分開始看來像是一種獨有的特權。而且，我們最有能力的學生太常只為分數努力，很少想到學習的好處、樂趣和挑戰。諷刺的是，等到成人時期，要實現他們資賦優異的潛能時，這些學生至少需要三項特質：（1）面對困難的恆毅力；（2）願意嘗試智能冒險的能力；（3）享受工作的樂趣。競爭型的評分做法很可能不智的將完全相反的特質教給這些學生。

如果是我們前面建議的做法，分數應該是以清楚定義的標準來評定，而且不應該基於跟班上同學相互比較來給分，這些擔憂可能就不值得討論了。但有兩個理由必須繼續這個討論，第一，許多課堂還是以跟同學比較來給分；第二，就算不是跟同學比較，而且分數也確實反映出學生在清楚定義的、有價值的標準上的學習表現，學困掙扎的學生仍舊還是會落在後頭，能力優異的學生還是比較有可能名列前茅。

我們認為，這個問題的核心是在評分系統本身，如果老師們被迫必須

為學生一段評分期間的表現提供**單一一個**分數，那麼在決定那個分數的時候，他們自然會考慮要納入多種因素，例如出席率、課堂參與度、行為、作業完成度和態度，再加上成就。我們可以藉由同時報告幾個不同因素的做法，盡量將這樣的兩難困境降到最低或予以排除。

因此，我們就有必要來檢視評分過程的第二個部分：成績報告。

支持課程標準和差異化教學的成績報告系統

在第五章，我們提到有效的評量很像一本相簿——多種證據的集合——而不是單獨的一張快照。換言之，我們不應該以單一的測量方法當作決定一個學生是否達成重要學習目標的唯一根據。身為老師，如果我們能夠檢視學生理解程度和精熟程度的多種表現證據的話，就比較有可能對這個學生知道、理解、能夠做到什麼有比較精確的全貌認識。

同樣的，單獨一個分數也無法有效的報告我們對於一個學生的學習想要說的話。我們贊同其他評分和成績報告改革支持者的提議，認為成績報告裡面至少要包含兩個（更好是三個）獨立分開的因素：（1）達成目標程度的**成就**分數；（2）朝目標前進的**進步情形**；（3）**學習工作習慣**。以下我們會更細緻的來檢視每一個因素。

第一，當前面所討論的方法付諸實行時——師生都同意的學習目標、有效評量這些目標的方法、明確的表現標準和一致的應用標準參照評量——那麼學生**成就**的評分也就會更清楚、更具有意義。相較於競爭型的常模參照方式，這種方法可以讓更多學生擁有「成功」的機會，而且不需要降低標準。

第二，應該有另一個分數來反映學生個人的成長或**進步情形**。既然學生們都是帶著不同的起始點來到每一個學習情境，也擁有不同的學習優

勢，評量的公平性就要求我們根據他們的起始點來認識、了解他們前進到了哪個位置。當學困掙扎的學生在預定的評量量尺上有了長足的進步，老師就應該報告和讚揚那個明顯的進步，即使他們的整體表現層次還沒達到某個標準參照的指標，但他們朝目標前進的進展仍然需要肯定與表揚。

第三，比較整全的成績報告系統會報告正向建設性的**學習工作習慣**，例如準時完成工作、問問題以澄清困惑疑慮、面對有挑戰難度的文本能夠堅持下去、仔細聆聽回饋並做出需要的修改調整。的確，這些是過程因素而不是學習結果，但是它們有助於學習成就，而且是學校和更廣大的世界所重視的習慣和態度。針對這些習慣態度來報告，會肯定認真努力的學生，同時也會適當的曝光那些隨便混混的學生。當然，我們有需要討論並同意我們希望納入哪些習慣和態度、給予它們操作型的定義、找出可觀察的指標和發展出評量的連續量尺或準則。在這麼做的過程中，我們是在實踐學校裡（以及生命裡）的一個真理：我們報告的內容代表我們重視的事物。透過在成績報告裡納入學習工作習慣，我們向學生表示這些習慣是重要而且受到關注的；透過把習慣列為一個獨立的報告項目，老師可以更誠實直白的溝通像是完成作業這類的事情，**而不必**扭曲一個學生在學習上的實際成就。

我們提倡這種多向度的評分和成績報告方式，主要是為了兩個原因：（1）溝通的清晰度；（2）對學生動機的影響。第一點反映的是我們主張不應該用單一一個分數來反映多種學習資訊，換言之，「平均」或「混合」標準參照成就程度、個人成長進步和學習工作習慣等因素來給學生一個分數，這是不妥的做法，這樣的分數會妨礙我們為學生和家長提供清楚、誠實、有用資訊的能力。

第二點是基於這樣的認知：如果學生相信自己有機會能成功，他們會比較願意「玩學校遊戲」。如果我們把成功**完全**限制在以標準為本的成

整合運用差異化教學和重理解的課程設計

就，等於是在不知不覺中剝奪了那些很認真努力、獲得顯著的個人成就但卻受阻於身心障礙、語文能力和其他阻礙的學生的成功機會。

當我們用有價值的準則來評量成就，記錄每個學生在特定評量準則的連續量尺上的個人進步情形，並且提供學生的學習工作習慣作為成績報告流程的一部分，我們就增加了有機會在學校獲得成功的學生數量。有更多的學生可能會為了學業與智識的成長而堅持付出所需要的極大努力。掙扎中的學生可能還無法展現出達成本學年度或段考範圍裡的某些或全部評量準則的能力，但是他在老師對於他有效能的學習工作習慣的評語當中，可以看見自己的成長和老師對他的鼓勵。高能力、只花一點點努力就達到標準的學生可能會更加了解：相較於沒有真正下功夫就「賺到」某項成就而被人稱讚，個人的成長才是一個更具挑戰性、更令人滿足的獎勵。對這兩類學生——以及介於之間的許多學生來說，多向度的評分和成績報告系統有潛力可以提供關於學生成就的清楚資訊，並利用這些資訊來支持學生更進一步學習和鼓勵學生邁向成功。而且，成功會孕育更多的成功！

成績報告系統

到目前為止，我們已經論述了擴增評分和成績單內含元素的理由與優點，作為本章的結論，我們要再鼓勵你做點創新、突破慣性的事情：不要只用成績單來想，而是用「成績報告系統」來思考。成績報告系統包含了多種與家長和學生本身溝通的方法，這樣的系統可能會運用成績單、核心技能的檢核表、記錄進步情形的發展連續量尺、學習工作習慣的評量準則、敘事故事、檔案評量、家長會談、學生參與的會談，或是其他相關的溝通學生成就、進步情形和學習工作習慣的工具方法。這個系統越豐富，我們就越有可能達成提供精確的評量資訊，以支持學生未來學習和鼓勵成

長進步的目標。

　　個別的教師和學校通常都會被規定要遵照學區高層所設定的評分和成績報告政策，因此，我們的建議要落實的話，需要北美大多數學區制度系統性的改變評分與成績報告的政策及做法，有些學區已經開始進行這樣的變革，有些學區正計畫要做這種改變。

　　在成績報告系統尚未改變成類似這些建議做法的學校和教室裡，老師們仍然可以在成績單裡以分數等第報告學生目前在達成核心目標結果的相對位置，然後另附一份反映學生進步情形和學習工作習慣的評述文件。他們也可以跟家長和學生進行會談，解釋說明和溝通表達一個學生的學業成長和學習方法的價值與重要性。這樣的改變方符合我們對於教與學的目標的最佳理解。

最後的想法

　　逆向設計、差異化教學和評分的原則不只是相容的，更是相輔相成的。圖表 8.1 歸納總結這些原則和做法之間相互關聯的方式，齊力合作發揮作用，它們能夠幫助我們達成總體目標：清楚、公平和誠實坦白的溝通標準本位的學習成就，同時也榮耀讚揚個別學生的獨特成長。

　　整合運用差異化教學和重理解的課程設計

UbD 的關鍵原則	差異化教學的關鍵原則	評分的關鍵原則
• 以終為始的進行「逆向」設計。 • 以理解重要的概念想法和過程技能為目標來進行教學和評量。	• 針對學生的準備度、興趣和學習風格來實施差異化教學。	• 運用分數來溝通高品質的學習回饋，以支持協助學習過程和鼓勵學生邁向成功。
第一階段 • 找出期望的學習結果，重點放在大概念和持久理解。 • 以激發思考的核心問題來架構出大概念。	• 聚焦在對所有學生都核心重要的知識、理解和技能。 • 期望所有學生都能學習和運用高層次的思考和推理能力。	• 參照清楚建立的目標和表現標準來給學生評分。
第二階段 • 決定可接受的學生學習證據。 • 配合目標，收集多種來源的評量證據。 • 透過理解的六個面向其中一個或更多的面向，找到學生理解的證據。	• 學前評量學生學習特定學習結果的準備度，以決定個別學生的起始點。 • 運用持續性評量記錄追蹤學生學習特定學習結果的進步情形，並規劃設計教學以協助學生持續成長。 • 允許學生選擇適合的方式來表現他們學會、知道了什麼。	• 緊密結合評量方式和期望的學習結果——老師和學生都很清楚的學習目標。 • 將評分的依據主要放在總結性評量，針對標靶目標提供有效度的評量方式。 • 根據清楚陳述的評量準則來決定分數，而不是跟其他的學生相互比較。

UbD 的關鍵原則	差異化教學的關鍵原則	評分的關鍵原則
第三階段 ● 教學要對準、結合期望的學習結果和預期的學習表現。 ● 納入「啟發」學科內容的學習經驗，並吸引學生投入大概念的意義建構。	● 為每一個學生發展出安全、具有挑戰性的學習環境。 ● 學生的學習任務清楚聚焦在持久的理解，並要求學生運用核心重要的知識和技能來達致期望的理解。 ● 依據學生的準備度、興趣和學習風格來調整教學，包括小組教學、不同的學習時間表、以多元模式探索和表達學習、不同難易度的任務和多元的教師說明呈現方法。 ● 致力於消除妨礙學生展現其真實精熟程度與能力的因素。	● 提供練習機會與學習回饋，以幫助學生逐漸精熟期望的結果。一般來說，這些練習不應該被評分。 ● 獨立分開報告學生的成就、進步情形和學習工作習慣。

9

整合 UbD 和 DI
看課程與教學

當 UbD 和差異化教學的原則一起被應用在設計過程的時候，看起來會是什麼樣子？

同時運用這兩個模式的教室，對學生可能產生什麼好處？

在運用 UbD 和差異化教學的教室裡，我們應該期待會看到什麼學習樣貌？

　　讀到這裡，我們已經檢視了 UbD 和差異化教學的關鍵元素，看過支持這兩個模式的理論和研究，探討過兩個模式之間在教育學上的關聯性，也探究了評分的議題與 UbD 和差異化教學的關係。現在重要的是提供一個範例，讓大家看看當一位老師運用 UbD 來規劃課程、運用差異化教學來確保教學適合所有學生的時候，整體的教學設計會是什麼樣子。這就是本章的目的。

快速回顧 UbD 和 DI 的核心目標

　　此時簡要的回顧一下 UbD 和差異化教學的基本元素，有助於聚焦思考本章後續說明的這兩個模式如何一起運作的例子。UbD 和差異化教學都是複雜、多面向的模式，含括了一位老師在設計與實施優質課程教學時必須思考處理的所有因素。以下的討論將簡要描述兩個模式的基本元素，

因為這些是擁護和整合這兩個模式的老師實踐時的指引。

以 UbD 和差異化教學的原則作為工作指引的老師，會做這幾件事：

1. 找出他們所教的學科和主題的期望學習結果。

- 決定學生在學習一個單元之後，應該知道、理解和能夠做到什麼。
- 明確指出值得理解的大概念。
- 描述說明老師和學生將要聚焦學習的持久理解。
- 陳述刺激思考的核心問題，以引導學生探究這些大概念。
- 說明學生有效展現成功達到學習目標所需要的特定知識和技能。

2. 決定可接受的學生學習證據。

- 決定什麼樣的證據可以顯示學生理解了大概念。
- 思考什麼樣的表現可以顯示學生理解和能夠應用他們學到的內容，以及這些表現要用什麼評量準則來判斷。
- 決定哪些證據能證明學生精熟核心知識、理解和技能。

3. 根據前兩個原則來規劃設計學習經驗和教學。

- 決定需要教導和訓練學生哪些核心知識、理解和技能。
- 根據學科內容目標，決定應該怎麼教才是最好的方式。
- 根據預定的目標和需要的證據來設計教學，以確保學習是吸引人的、有效的。

4. 將學生的多元差異視為教與學當中必然存在、重要、可貴的資產。

- 堅持不懈的增進對每個學生的了解，了解他們距離成功達到預定課程內容目標的準備度，以促進個別學生的學業成長；了解他們和課程內容目標可能有關的興趣，以提升學習動機；了解他們偏好的學

整合運用差異化教學和重理解的課程設計

習模式,以提高學習的效能。

- 與學生、家長和學校人員合作,了解及處理學生的背景和經驗,包含性別、文化、語言、種族和個人優勢,並在教與學的計畫裡處理這些因素。

5. **滿足學生的情意需求,作為支持學生邁向成功的手段。**

- 積極主動的回應學生需要肯定、貢獻、力量、目的和挑戰的需求。
- 了解學生的這些需求實際上會有差異,而且對不同學生應該有不同的回應方式,以滿足他們的情意需求。
- 了解學生的學習動機實際上是和肯定感、安全感與成就感綁在一起的,並做出適當回應。

6. **定期的回顧與說明清楚的學習目標,具體指出在每段學習期間過後,學生應該知道、理解和能夠做到什麼。**

- 確保在每段學習期間,每個學生都擁有充足的管道和機會去學習核心知識、理解和技能。
- 確保在每段學習期間,學習任務和評量方式都緊密的聚焦在預定的核心知識、理解和技能。
- 確保所有學生都進行高層次的推理思考和工作學習。
- 確保所有學生都擁有同樣引人投入、同等有趣的學習任務。

7. **系統性的運用與預定目標一致的學前評量和形成性評量,以做出教學決定和調整。**

- 當評量結果顯示某位學生欠缺達成預定課程內容目標所需要的先備知識、理解或技能時,提供機會讓學生建立必要的能力。
- 當評量結果顯示某位或某些學生有某種學習需求時,提供機會給他

們額外的教學、輔導或練習。

- 當評量結果顯示某位或某些學生已經達成、精熟預定學習目標時，提供機會讓他們進階學習或拓展知識。

8. 在教學計畫和班級常規上保持靈活彈性，以支持每個學生成功。

- 當學生進行各類任務和評量時，彈性的運用空間、時間、素材、學生分組、探索和表達學習的模式，盡最大可能增加所有學生的成功機會。
- 當學生進行各類任務和評量時，使用多元的呈現方式，連結更廣更多的文化和經驗來舉例，並運用各式各樣的支持系統，盡最大可能增加所有學生的成功機會。
- 鼓勵每個學生都挑戰對自己來說有些複雜或有點難度的學習任務，並且提供能夠幫助學生成功完成新挑戰的鷹架。

9. 收集多元形式的學生學習證據。

- 提供不同的選項，讓學生展現他們知道、理解和能夠做到什麼。
- 確保學生知道他們「成功」的學習成果會是什麼樣子——包含全班都必須達到的要求，以及個別學生必須達成的自定或老師指定的目標。

　　整合在一起，逆向設計和差異化教學描述了一種完整思考課程、評量和教學的方式，而這些乃是源自於目前大家對於有效教與學的組成元素的共同理解。所以，在 UbD 和差異化教學原則指引之下的老師所做出的教學設計裡，我們應該期望看到老師系統性的關注兩個重點：老師預定要教的學科課程內容目標，以及將要學習這些目標的學生。換言之，這樣的老師會聚焦在目標的清晰度和達成目標的靈活彈性。圖表 9.1 說明了如何結合 UbD 和 DI 的大概念，應用在教室課堂裡面。

持續主動的學習了解每位學生的優勢和需求

持續發展一個促進每位學生成功的學習環境

在學年開始之初，做一些學前評量，以了解學生對先備知識和技能（例如：閱讀、寫作、計算、拼音、字詞彙）的精熟程度，以及他們的興趣和學習偏好。

決定一個課程單元的期望結果（既定目標、核心理解、學生要知道和做到什麼、核心問題）。

決定可接受的、能顯示學生精熟期望結果的評量證據（包含實作表現任務和其他以多元形式及模式展現的證據）。

發展一個學習計畫，包含直接教學和學習活動，以確保學生能發展、精熟學科課程內容目標。

做學前評量，對照課程單元目標和先備知識、理解與技能，評估和決定學生目前的知識、理解和技能在哪個位置。

根據學前評量的證據，回應學生的準備度、興趣和學習偏好的需求，差異化處理和實施原初的學習計畫，包含注意學生的分組、時間和素材的運用、全班和小組教學的變化、不同的學習任務複雜度等等。

運用形成性或持續性的評量，包含實作表現任務和學生反思，以收集有關學生學習進展與需求的證據。

根據形成性評量資料所顯示的學生學習需要，持續差異化處理原初的學習計畫。

實施總結性評量計畫，內含適當的選項可以決定學生是否達成單元目標的知識、理解和技能。

向學生和家長報告學生學習的成果、過程和進步情形。

我們先來看看一個為五或六年級學生設計的營養單元計畫，請注意 UbD 設計過程是如何應用在這個單元的設計，以及它如何幫助老師釐清每個階段的目標清晰度。接著我們會檢視差異化處理這個單元的教學選項，屆時請注意找出協助各類學生達成預定目標的彈性教學方法。

吃什麼，像什麼：UbD 的課程單元

一群小學高年級或國中學生要研究他們吃的東西對他們的健康會產生什麼影響。設計這個單元的老師引用了課程內容標準以及一系列的教學資源，好讓他的學生投入學習並回答有關這個重要主題的一些核心問題。以下是這位老師運用逆向設計的格式所做出來的課程單元計畫。

單元名稱：吃什麼，像什麼

單元重點：營養——健康／體育　小學高年級／國中

主題：營養、健康、養生保健（wellness）

摘要：

學生將要學習有關人類營養需求、食物六大類、不同食物的營養好處、美國農業部（USDA）食物金字塔指南，以及跟營養不良有關的健康問題。這個單元一開始會調查每個學生個人的飲食習慣，在整個單元進行過程中，學生會運用圖表記錄他們每天所吃的東西。他們會從各種不同的管道（USDA 小冊子、健康課本、影片和客座演講者）收集多種有關健康飲食習慣的資料，分析一個假想家庭的飲食並提出建議來改善和提升這些飲食的營養價值，設計一本宣傳小冊子來教導比較年幼的孩子了解良好營養對於健康生活的重要性。在單元最後的實作表現任務裡，學生要研發並提出一份建議菜單，為即將到來的三天戶外教育營隊活動設計三餐和點

心，並且要符合 USDA 食物金字塔指南。

此外也會透過三次小考和一次提示型申論寫作來收集其他的評量證據。這個單元的結束，會要求學生評鑑他們自己個人的飲食習慣，並且創造一個「健康飲食」的行動計畫。

需要的文件資料：

- 健康教育課本（有關「營養」的章節）
- USDA 食物金字塔小冊子

網路資源連結：

- https://www.fda.gov/food-labeling-nutrition（FDA 網站）
- https://ific.org（IFIC 網站）
- https://www.nal.usda.gov/legacy/topics/food-and-human-nutrition
- https://www.symptomfind.com

第一階段：找出期望的結果

州立標準： 國家標準編號：健康 6

文件名稱： 北美中陸教育學習研究中心標準綱要（McREL Standards Compendium）

描述說明

標準 6：學生將理解有關營養和飲食的基本概念。

6.a：學生將運用對營養的理解來規劃設計適合自己和其他人的飲食。

6.b：學生將了解自己的飲食型態，以及可以如何改善這些飲食型態的方法。

理解

- 均衡的飲食有助於身體和心理的健康。營養不均衡會導致多種的健康問題。

（相關的迷思概念：我吃什麼都無所謂。）

- 健康的飲食要求一個人根據營養飲食的相關資訊來行動，即使那代表你必須打破原有的舒適習慣。

（相關的迷思概念：如果這個食物對你的健康有益，那它必定很難吃。）

- USDA 食物金字塔指南呈現的是相對性的營養準則，但是飲食需求會因為個人的年紀、活動量或程度、體重和整體健康狀況而有不同。

（相關的迷思概念：每個人都必須遵照同樣的健康飲食規定。）

核心問題

- 什麼是健康的飲食？你是健康的飲食者嗎？有多健康？
- 對某人來說是健康的食物，對另一個人可能是不健康的嗎？
- 儘管有那麼多關於健康飲食的資訊存在，為什麼還是有許多人因為營養不均衡而產生健康問題？

知識和技能

知識：學生將會知道

- 重要的營養名詞（蛋白質、脂肪、卡路里／熱量、醣類、膽固醇等等）。
- 在六大類食物裡的食物類型以及它們的營養價值。
- USDA 食物金字塔指南。
- 影響營養需求的各種變因。
- 因為營養不均衡而產生的特定健康問題（例如：糖尿病、心臟疾病）。

技能：學生將能夠

- 閱讀和詮釋食品標籤上的營養資訊。
- 分析食物裡的營養價值。

● 為自己和他人設計均衡的飲食。

● 發展出一份個人健康飲食行動計畫。

第二階段：決定可接受的證據

實作表現任務一：家庭三餐的菜單

主題： 營養、養生保健、健康

摘要：

【家庭菜單】： 學生分成小組，一起合作評鑑某個假想家庭（例如，史普拉特家）的飲食習慣，這一家人老是吃不健康的食物。同時提出改善飲食的建議，以提高這家人三餐食物的營養價值。

需要的文件資料： 影印多份營養不均衡的飲食清單案例

標準 6：學生將理解有關營養和飲食的基本概念。

　　6.a：學生將運用對營養的理解來規劃設計適合自己和其他人的飲食。

運用情境：

　　這個形成性評量是在課堂上完成而且不評分。學生對飲食清單的分析和他們建議的改善方法，會讓老師知道有哪些潛在的誤解需要透過教學來處理和澄清。

實作表現任務二：營養小冊子

主題： 營養、養生保健、健康

摘要：

【營養小冊子】： 學生創作一本宣傳小冊子，教導比較年幼的孩子了解良好營養對於健康生活的重要性，以及不良飲食習慣可能引起的相關問題。這項任務是由個人獨立完成，並且會運用幾項評量準則來評鑑。

標準 6：學生將理解有關營養和飲食的基本概念。

給學生的說明指示：

因為我們班一直在學習有關營養的單元，所以二年級的老師請我們幫忙教導他們的學生良好的飲食習慣。你的任務是創作一本圖文並茂的小冊子來教二年級的孩子了解良好營養對於健康生活的重要性。運用剪貼食物圖片和自己原創的圖畫，顯示營養均衡的飲食和不健康的飲食之間的差異，其中還要畫出一些圖畫來呈現不良飲食習慣可能導致的至少兩個健康問題。你的小冊子裡應該包含準確的健康飲食資訊，呈現飲食習慣不良可能導致的至少兩個健康問題，而且要讓二年級學生容易了解並照著做。

運用情境：

這項個人評量任務大概發生在單元進行的第三週，老師可以用學生的作品來檢核迷思概念。評鑑的標準也明確列出，用來指引老師的評分判斷以及學生的自我評量。

營養小冊子的評鑑標準：

這本小冊子……

- 裡面所含的健康飲食資訊必須完全正確。
- 呈現均衡飲食和不均衡飲食的清楚對照。
- 呈現至少兩個可能跟營養不均衡有關的健康問題，並且解釋飲食內容和這些健康問題之間的關聯性。
- 對二年級學生來說，容易了解並照著做。
- 有良好的編輯處理（也就是版面工整和色彩豐富）。

實作表現任務三：大快朵頤

主題：營養、養生保健、健康

摘要：

【大快朵頤】：在這項單元最後的實作表現任務裡，學生要研發一份建議菜單，為即將到來的戶外教育營隊活動設計三天的三餐和點心。他們要寫一封信給營隊指揮官，解釋說明他們設計的菜單既健康又美味，建議指揮官應該要選用。這項任務是由個人獨立完成，並且會運用一個評量規準表來評鑑。

資源：取得 USDA 食物金字塔指南和各種食物的營養資訊

標準 6：學生將理解有關營養和飲食的基本概念。

　　6.a：學生將運用對營養的理解來規劃設計適合自己和其他人的飲食。

給學生的說明指示：

　　因為我們班一直在學習有關營養的單元，戶外教育中心的營隊指揮官要求我們為今年即將要去中心參加的三天營隊活動提出一份營養均衡的菜單。運用 USDA 的食物金字塔指南和食品標籤上的營養資訊，設計三天份的飲食計畫，包含主要的三餐和三次點心（上午、下午和晚上）。你的目標：一份健康又美味的菜單。除了創造你的菜單之外，請準備寫一封信給指揮官，解釋說明你的菜單是如何符合 USDA 的營養指南，在信中放入一張圖表，分析和呈現這些餐點的脂肪、蛋白質、醣類、維生素、礦物質和卡路里等各類營養價值含量。最後，請說明你做了哪些嘗試，好讓你的菜色擁有足夠的豐富美味，讓你的同學會想要吃下這些食物。

運用情境：

　　單元最後的評量，運用圖表 9.2 的分析式評量規準表來評鑑學生的成果。

	營養	說明解釋	寫作規範
4	• 菜單規劃完全符合 USDA 指南。 • 營養價值圖表完全正確且完整。	• 非常有效的解釋說明菜單的營養價值和美味吸引力。 • 營養相關名詞的運用完全正確。	• 正確的文法、拼字和寫作技術（格式、段落及標點符號等等的規範）。
3	• 菜單規劃大致符合 USDA 指南。 • 營養價值圖表大部分正確且完整。	• 大致能有效的解釋說明菜單的營養價值和美味吸引力。 • 營養相關名詞的運用大致正確。	• 文法、拼字或寫作技術有小失誤，但不至於影響讀者對整體菜單規劃的理解。
2	• 菜單規劃有些部分不符合 USDA 指南。 • 營養價值圖表包含一些錯誤或遺漏。	• 營養價值和餐點味道的解釋說明不完整或有些不正確。 • 營養相關名詞的運用有些錯誤。	• 文法、拼字或寫作技術有錯誤，可能妨礙讀者對菜單規劃的理解。
1	• 菜單規劃不符合 USDA 指南。 • 營養價值圖表包含明顯錯誤或遺漏。	• 營養價值和餐點味道的解釋說明欠缺或非常不正確。 • 營養相關名詞的運用有許多錯誤。	• 文法、拼字或寫作技術有重大錯誤，讓讀者難以理解菜單規劃。

實作表現任務四：個人飲食行動計畫

摘要：

　　學生根據他們自己個人獨特的特徵（例如：身高、體重、運動量等等）來準備一個健康飲食行動計畫。這個行動計畫需要包含營養目標以及達成這些目標所需要的特別行動（例如：吃比較多量的水果和蔬菜、減少吃糖果）。同時也鼓勵他們跟家長或監護人分享他們的行動計畫。

標準 6：學生將理解有關營養和飲食的基本概念。

　　6.b：學生將了解自己的飲食型態，以及可以如何改善這些飲食型態的方法。

給學生的說明指示：

　　除非你真的能夠運用知識，否則它們是沒有用的。既然你已經學了關於健康飲食的知識，現在就是運用這些知識的時候了。你的任務是根據你自己獨特的特徵（例如：身高、體重、運動量等等）來準備一個健康飲食行動計畫，並提出個人的目標（例如：減重）。

　　在這個行動計畫裡，要包含：（1）你個人的營養目標；（2）為了達成這些目標，你會採取的特別行動（例如：增加水果和蔬菜的攝取量、減少吃糖果）。你也應該預備好要跟一位家長、監護人或生活中的重要成人報告和討論你所完成的飲食行動計畫。

運用情境：

　　單元最後的評量，運用先前已經建立的規準表來評鑑學生的成果。

其他待收集的評量證據：

●選擇題／簡答題／小考

　・小考一：六大類食物和 USDA 食物金字塔（配對題型）。

　・小考二：營養相關名詞（選擇題）。

●提示型申論寫作：描述說明兩種可能因為營養不均衡而導致的健康問

題，並解釋在飲食上做什麼樣的改變就能避免這些問題。

- **觀察**：教師觀察學生在實作任務上的表現，以及在學生餐廳用餐時的表現。

- **學生自我評量**
  - ・營養小冊子的自我評量和同儕評量。
  - ・「大快朵頤」營隊菜單的自我評量。
  - ・比較他們自己在本單元一開始的飲食習慣和單元結束時提出的飲食行動計畫。

第三階段：發展學習計畫

學習活動

1. 以一個入門問題開始（例如：「你吃的食物會讓你長痘痘嗎？」），吸引學生開始思考營養對他們的生活會產生的影響。

2. 介紹核心問題並且討論本單元最後的實作表現任務（「大快朵頤」菜單和「個人飲食行動計畫」）。

3. 注意：重要的字詞彙和專有名詞要隨著各項學習活動和實作表現任務的需要來介紹。學生也要閱讀和討論健康課本裡的相關章節，以支持學習活動和任務的進行。此外還有一項持續進行的活動，學生以圖表記錄他們每天所吃所喝的食物，以備之後的檢視和評鑑。

4. 以概念獲得教學法來上一節有關六大類食物的課。然後，讓學生依此練習分類食物圖片。

5. 介紹 USDA 食物金字塔並找出六大類的食物。學生小組合作發展出一張食物金字塔的海報，並把六大類食物的剪貼圖片貼到適當的位置。在班上或走廊展示這些海報。

6. 小考測試六大類食物和食物金字塔（配對題型）。

整合運用差異化教學和重理解的課程設計

7. 回顧和討論 USDA 的營養小冊子，討論題目：每個人都必須遵照同樣的飲食規定才能保持健康嗎？

8. 學生在小組裡合作分析一份假想家庭的菜單（故意設計成不均衡的飲食），並且提出改善營養攝取的飲食建議。小組合作過程中，教師觀察並指導學生。

9. 請小組分享他們的飲食分析，並且全班討論。（注意：教師收集和檢視各組的飲食分析，找出教學上需要注意的誤解或迷思。）

10. 每個學生設計一本圖文並茂的營養小冊子，教比較年幼的孩子了解良好營養對於健康生活的重要性，以及不良飲食習慣可能導致的健康問題。這項活動是在課堂外完成的。

11. 學生跟小組成員交換看彼此的營養小冊子，根據列出來的評鑑標準來進行同儕評量。允許學生根據同學的回饋意見來做修改。

12. 讓學生觀賞「營養與你」（Nutrition and You）的影片並討論。討論與不良飲食習慣有關的健康問題。

13. 學生聆聽客座演講者（從地方醫院邀請來的營養師）的演講並提出問題，詢問不良飲食習慣可能引起的健康問題。

14. 學生回應以下的提示並申論寫作：描述說明兩種可能因為營養不良而導致的健康問題，並解釋在飲食上做什麼樣的改變就能避免這些問題。（教師收回學生的寫作回應並評分。）

15. 教師示範如何閱讀和詮釋食品標籤上的營養價值資訊，然後學生運用他人捐獻的食物空盒、罐頭和瓶子來練習。

16. 學生獨立作業，發展出營隊三天的菜單。針對營隊菜單計畫，學生相互評鑑和給予回饋，運用評量規準表來自評和互評。

17. 在單元最後做結論的時候，學生回顧檢視他們所完成的每日飲食圖表，並且自我評量他們日常飲食的健康程度。他們注意到有什麼改變

嗎？有改善嗎？他們是否注意到自己的感覺或外表有何改變？

18.學生制定一份個人健康飲食行動計畫。把這些計畫留存下來，在即將來到的親師生會議裡展示。

　　透過運用 UbD 設計過程，發展出這個單元計畫的老師已經清楚掌握了：（1）學生在本單元最後必須知道、理解和能夠做到什麼的核心目標；（2）哪些資料會構成評量學生知道、理解和能夠做到那些目標的證據；（3）引導學生達成期望目標的必要步驟。這位老師在這些方面的清晰度預示著學生的學習將能聚焦重點並且成功達標。

　　然而，在大多數教室裡，學生的多元差異是一個很有力量的因素，會影響這個學習旅程將如何進行。這樣的現實使得差異化教學變成一個幫助學生成功的重要工具——即使教師已經仔細審慎的規劃設計出重理解的課程，也需要差異化教學這項工具。

差異化處理課程單元，確保學生有最大的成長

　　帶著一個清楚又吸引學生投入的課程單元計畫，差異化教室裡的老師看來已經準備好要帶領學生邁向成功。當然，高品質的課程單元對於學生學習成功的可能機率會有非常大的幫助，但是，班上可能有些學生的技能是落在年級水準之後；有些學生的技能則是遠遠超過老師的期望；有些學生的興趣差異很大；還有一些學生的學習方式是與眾不同的。

　　老師若了解學生的多元差異也是一個影響學生成功的重要因素，就會像關注學科內容和單元計畫一樣，仔細的關注與思考學生的學習需求。這樣的老師通常會在單元一開始先做設計好的診斷性評量或學前評量，目標

是判斷和決定班上學生目前所處的位置，跟期望的學習目標之間距離多遠或多近。

在檢視學前評量的資料時，這位老師看到了這些：

- 有四位學生似乎對目標概念想法已經擁有相當精緻化的理解，也確實精熟掌握了大部分的重要知識訊息和技能。
- 七位學生的背景知識很少，四位學生對關鍵營養概念表現出明顯的迷思概念。
- 六位學生可以適當的解釋這個單元的概念理解，但是他們欠缺（至少）某些課程內容標準裡標示為核心重要的知識訊息。
- 九位學生可以用非常基礎（但正確）的方式解釋這個單元的概念理解，也擁有一些知識目標裡所含的知識訊息。

這位老師已經知道班上有三位學生的英文並不流利，兩位學生被診斷出學習障礙，兩位特教學生有融合教育的 IEPs，一位學生有注意力或情緒方面的問題，還有五位學生被鑑定為資優生。她也正在學習和了解學生各自不同的興趣，知道他們有不同的學習方式。她的目的是運用學前評量的資料以及其他對於學生的了解洞見，發展出這個單元基本的差異化教學計畫。此外，在單元進行的過程中，她也會運用一連串的持續性評量或形成性評量機會，依據不同學生的學習需求來調整她的教學。

UbD 設計過程最終結束時會產出一個紮實穩固但有些彈性的課程計畫，但差異化教學，就它本身的定義而言，卻是更流動、更靈活變化的。因此，一位老師一開始對於差異化教學的想法，將會隨著單元的進行，隨著學生的精熟度、迷思概念和學習需求而不斷演化。儘管如此，在單元開始之際，老師還是可以做出一些一般通用的差異化教學計畫，而後隨著單元進行，她可以視需要來裁剪調整這些計畫。以下列出一系列暫定型計

畫，老師可以隨著單元進行決定運用哪些計畫。任何一位老師都不太可能會在一個單元裡就用上所有這些想法，但是，針對如何處理和滿足學生學習需求上，若能擁有較多、較廣的教學資源庫的選擇，對老師來說會比較容易恰當、有效的回應不同類型的學生。在老師可運用的這些選擇當中，有一些通則型的流程和支持協助可以廣泛運用在跨課和跨單元的教學，也有一些配合特殊的評量任務或成果所需要做的差異化調整。

差異化處理 UbD 單元的實踐案例

當我們從課程計畫走到了差異化教學實施的時候，基於需要，UbD設計過程的最後兩個階段必須顛倒過來。在 UbD 設計的邏輯裡，先找出期望的結果，接著決定那些結果的可接受證據，然後規劃設計教學以確保每位學生成功達到期望的結果目標，這是合情合理的。但是在教學裡（包含差異化教學），必須先考量學生在單元初始時距離期望結果的位置在哪裡，接著實施教學計畫，最後再收集學生成就的證據。

以下所舉的案例是一位老師可以如何思考整個營養單元的差異化教學。UbD 設計過程所建議的每個階段都包含在這個例子裡面，但你會注意到這些階段的流程是以「教學方式」而非「課程設計方式」來排列。請注意這位老師在思考如何因應不同學生的學習需求和支持每個學生成功達到期望目標結果的過程中，她考慮做各種差異化調整的部分，其實反映了圖表 3.3 的建議：「期望的學習結果」階段的差異化調整很少，「教學計畫」階段的差異化調整很多，「可接受證據」階段有一些差異化調整。也請注意，「期望的學習結果」的作用是指引教學過程當中發生的大多數活動的方向舵，而且這位老師將差異化教學當作一種手段工具，用它來確保所有學生都能成功達到期望的學習結果（時機恰當時還要幫助學生超越這

整合運用差異化教學和重理解的課程設計

些結果）。此外，你也會看到，在教學和收集證據階段做某些差異化調整是很有用的。

▶▶ 重視學生距離期望結果的位置

1. 老師學前評量學生，判斷與決定相對於這個單元預定的核心知識、理解和技能，學生目前的起始程度在哪裡。

2. 老師收集一些關於學生興趣和學習偏好的資訊，而且是本單元可以直接應用得上的資訊。根據學前評量資料，老師找出某些學生可能需要具備的重要先備知識和技能，並規劃要如何處理和幫助學生補足這些知能，以達成這個單元期望的結果。對於欠缺這些先備知能的學生來說，這些知能也會成為他們的基本目標——除了這個單元原本預定的核心知識和技能之外。當然，這些學生也要學習這個單元的持久理解。

3. 同時，根據學前評量資料，老師找出某些學生已經精熟和掌握這個單元她打算要教的技能和知識。她計畫要在適當的時候提供這些學生其他替代的工作任務，以確保他們持續成長。他們也是要學習這個單元的持久理解。

4. 有兩位學生是 IEP 的特教生，需要關注那些沒有被包含在這個單元裡的基本技能，老師也注意到學生需要這些技能，並且計畫要跟特教老師一起合作來處理那些技能的學習。這兩位學生同樣也要學習這個單元的持久理解。

》 執行和差異化處理教學計畫

1. 當所有學生被要求閱讀健康課本的內容時，老師為閱讀文本有困難的學生提供支持性的閱讀協助（例如：閱讀夥伴、錄音朗讀文本段落、標示重點的文本、提取文本重點的圖像組織圖、兩欄式筆記表、放聲朗讀等等）。

2. 在介紹重要字詞彙時，老師為正在學英文的學生、融合教育的學生和其他有字詞彙理解困難的學生提供重要字詞彙清單，並附上簡單的定義和圖標或插畫圖解。

3. 這位老師也確保無法流利說英語的學生有機會可以運用橋接學生的母語和英語的一些工具和方法，包括：在學生分組裡安排一位能說兩種語言的學生；準備雙語辭典；提供以學生母語呈現、說明的主題網站；提供在用新語言寫作之前先用母語進行腦力激盪的機會，或者先用新語言寫作，接著再用母語來進行對話討論和編輯修改。

4. 老師提供或建議一些不同閱讀層級和內容複雜程度的學習資源，好讓每一個學生都能讀到適度挑戰其學習需求的文本素材。

5. 老師運用小組教學方式來進行六大類食物概念獲得的一節課，並且只安排學前評量結果顯示需要建立六大類食物概念的學生進行食物圖片分類活動。

6. 在全班討論和小組討論時，老師會確保這個單元的持久理解與不同學生的經驗、文化、興趣和觀點連結起來。

7. 老師運用多種技術，比如思考—配對—分享和隨機點名學生回應，以確保每個人都有機會並期望對全班的理解有所貢獻。在適合某些學生的時機，老師會透過一些鷹架技巧來幫助這些學生回

整合運用差異化教學和重理解的課程設計

應，比如預先暗示學生接下來的問題是什麼、請學生運用彼此的想法來表達和建立理解。

8. 有時候，老師會視適合的時機提供不同的家庭作業，以確保有效的利用學生的時間來處理和滿足他們特殊的學習需求。

9. 當客座演講者來的時候，老師請一位無法安靜坐好聆聽的學生負責這場演講的錄影工作。

10. 老師簡短的示範給全班看要如何閱讀和詮釋食品標籤，然後提供一個迷你工作坊給那些想要或需要額外練習如何讀標籤的學生，讓他們在開始相關的實作表現任務之前能做好準備。

11. 老師持續的運用小組教學，根據形成性或持續性評量資料，找出其他替代的教學方式來澄清某些學生的迷思概念、示範給某些學生了解如何應用技能，和擴展某些學生學習這個單元的挑戰程度。這些小組的組成是彈性變化的，同時也反映出教室裡的學習流動本質。

12. 當持續性或形成性評量顯示某位學生已經精熟了特定幾項技能，老師會確保這位學生改做其他替代性的作業，而且對學生而言是有關聯、有趣、有挑戰性的作業。

13. 老師邀請學生貢獻想法，在老師提供給學生的方法之外，提出其他達成目標的方法。

14. 在老師非正式的觀察學生工作的過程中，當她要提醒全班學生注意他們的任務和回應裡可能出現的一些問題點時，她會使用「注意」這個口頭提醒語。

15. 老師運用定期的「跟老師談談」小組，當作一種評量策略，幫助她了解學生的學習有什麼樣的進展、他們在哪裡感到迷惑或「卡住了」、他們如何運用時間，以及其他能夠讓她更有效協助學生的

影響因素。

16. 老師提供週期性的迷你工作坊（有時候會邀請特定的學生來參與），讓學生練習他們在進行任務工作時可能會遭遇困難的技能或主題，或者是設計來推進資優學生的思維想法和作品產出的技能或主題。

17. 可行之時，老師會讓學生選擇自己獨立工作或跟一位夥伴合作，好讓學生可以用對他們而言最舒服自在和最有效的方式來工作。

18. 老師運用幾個評量規準表，裡面包含：聚焦在重要課程內容目標的元素和標準，以及為了符應不同學生的適當挑戰度和引導他們注意自己發展需要的特定重要學習面向而設計的個人化元素。在教學的這個階段，當學生要開始發展他們的作品或進行評量實作任務時，她向學生介紹這些評量規準表，好讓學生熟悉裡面的規準和必須達成的要求。

19. 在適當的時候，老師將學習活動分層化，好讓所有學生都朝著達成相同的課程內容目標努力，但有不同的難度層級，使得每位學生都在適當的挑戰層級裡學習。

20. 在適當的時候，老師提供學生各種不同的探索學習或表達學習的方式。

▶▶ 影響並確保學生成功達標

1. 針對那些需要有人朗讀試題給他們聽的學生，老師以口語朗讀進行小考。針對那些需要額外多一點時間來書寫答案的學生，老師把小考試題分成兩部分，讓學生分兩天完成。

2. 老師持續確保那些無法流利說英語的學生擁有一些橋接他們的母

語和英語的資源管道，運用的策略包括：在學生分組裡安排一位能說兩種語言的學生；準備雙語辭典；提供以學生母語呈現、說明的主題網站；提供在用新語言寫作之前先用母語進行腦力激盪的機會，或者先用新語言寫作，接著再用母語來進行對話討論和編輯修改。

3. 老師提供或建議一些不同閱讀層級和內容複雜程度的學習資源，好讓每一個學生都能讀到適度挑戰其學習需求的文本素材。

4. 老師邀請學生貢獻想法，在老師提供給學生的方法之外，提出其他有助於達成評量目標的方法。

5. 老師提供一些表達期望學習結果的不同方式，給學生選擇。

6. 老師指導或帶領一個或更多小組進行實作任務，這些小組的學生需要成人定期的指導來完成他們的成果作品或評量任務。

7. 可行之時，老師會讓學生選擇自己獨立工作或跟一位夥伴合作，好讓學生可以用對他們而言最舒服自在和最有效的方式來工作。

8. 老師運用幾個評量規準表，裡面包含：聚焦在重要課程內容目標的元素和標準，以及為了符應不同學生的適當挑戰度和引導他們注意自己發展需要的特定重要學習面向而設計的個人化元素。

9. 學生可以請求同儕顧問服務，這些同學顧問會依據一些評論準則，聚焦在評量規準表列出的重要成果作品要求來提供建議。

10. 老師提供一些規劃模板或組織圖表，讓學生選用並引導他們完成成果作品或評量任務。

11. 老師持續運用定期的「跟老師談談」小組，以幫助她了解學生的學習有什麼樣的進展、他們在哪裡感到迷惑或「卡住了」、他們如何運用時間，以及其他能夠讓她更有效輔導協助學生的影響因素。

因為很重要所以我們要再重述一次，我們的目的並不是建議每位老師在一個課程單元裡要用上所有這些差異化的做法，而是舉例說明一位老師有許多方式可以調整一個優質課程單元計畫，使它符應各種學生不同的學習需求，目標是盡最大的可能來提高每個學生成功達到本單元期望結果的機率。現在，為了進一步幫助你了解，我們來看看營養單元的某個部分可以如何運用這裡提出的一些通則型方法來進行差異化教學──以及其他的一些差異化教學方法。

針對一項作業做特別調整的案例

除了應用一些比較通則型的方法來處理學生不同的準備度需求之外，老師也可以檢視任何一項任務或評量方式，判斷某些學生會不會因為你提供一個差異化的工作版本而受益，以及這項工作可以如何調整以造福特定的學生。以下摘要描述營養單元的一項評量任務，以及這位老師回應學生的準備度、興趣和學習風格需求而研擬出來的差異化任務版本，這些調整反映了單元學前評量和形成性評量所揭露的學生需求類型。這個案例說明了老師可以選擇一項設計好的評量任務，做出適度的修改調整，以符應不同的準備度、特定學生的興趣和各種學習風格偏好，但又不偏離這個單元的核心目標。再一次強調，這些例子的目的不是要建議老師運用全部的選項，而是要說明：就算只是差異化處理一項已經建構設計得很好的任務，都有可能讓它更有效的幫助某些學生學習。

原本的活動（沒有差異化處理）

因為我們班一直在學習有關營養的單元，所以二年級的老師請我們幫忙教導他們的學生良好的飲食習慣。創作一本圖文並茂的小冊子來教二年級的孩子了解良好營養對於健康生活的重要性。運用剪貼食物圖片和自己原創的圖畫，顯示營養均衡的飲食和不健康的飲食之間的差異，並且呈現飲食習慣不良可能導致的至少兩個健康問題。你的小冊子裡也應該包含準確的資訊，而且要讓二年級學生容易閱讀和了解。

差異化處理的活動

針對準備度的需求

難以掌握營養的基本原則和飲食營養選擇會造成什麼後果的學生，以及閱讀和寫作上有困難的學生，要完成原本的活動版本。

對於營養原則及其後果已經有基本理解的學生，會有一個類似的活動版本，只是要求他們寫小冊子的對象是想要成為健康國中生的國小學生。他們也被要求至少必須呈現六項國小學生基本營養準則，小學生若照著這些準則來做的話，應該更有可能會變成健康的國中生。相對於運用剪貼食物圖片和畫圖，學生被要求發展設計出小圖標來代表良好營養的重要準則，這些小圖標有助於喚起小學生注意它們所代表的營養準則的意義。

對於良好營養的字詞彙和原則擁有非常高階的知識和理解的學生，以及閱讀程度很好的學生，會被要求發展設計放在兒科診所給 10 到 16 歲來看診的孩子閱讀——同時也給這些孩子的家長看的小冊子。這本小冊子應該提供正確且重要的資訊和關於營養選擇決定的準則，而且呈現方式要能夠吸引這些讀者的注意力，讓他們很容易記住，而不是讓他們覺得無聊或

對這個主題倒盡胃口。

　　至於班上某些非常精通營養又對這個主題有濃烈興趣的學生，他們要設計在健康中心發放的專業小冊子，目標對象是在家裡就已經很注意營養也想要更深思熟慮的決定如何飲食的青少年和他們的家長。他們的小冊子應該要資訊準確又吸引人，也要瞄準知識較為廣博的讀者對象。

扣合學生的興趣

　　學生可以選擇在小冊子裡放入他們自己有興趣思考的特殊角色或特定群體的一些營養資訊，以及這些群體的營養需求。例如，針對慢跑人士、足球選手、青少年、過敏或氣喘人士、模特兒和飛行員設計的營養飲食準則，會讓學生從比較一般的資訊改為深究特殊的需求，並且看看營養知識如何應用到不同的個人和群體。為了協助學生進行這方面的工作，老師讓擁有相同興趣焦點的學生組成小組，在他們完成小冊子的過程中可以分享彼此的想法。

　　學生完成小冊子的對象，也可以選擇他們特別感興趣的、非美國文化的學校的學生（例如，在墨西哥或伊拉克的營養小冊子）。

針對學生的學習偏好

　　老師給予學生幾種展現他們的知識、理解和技能的方式選項，相對於只能選小冊子，老師可以邀請學生以各種形式來完成這項任務，例如，為一系列公益宣傳廣告而做的註解說明式故事板，為特定年齡學生閱讀的雜誌寫一篇三欄式專文，在某個網站上寫一篇論說文，或者是要跟學校學生餐廳經營者分享的一篇表達立場的文章。

　　學生可以選擇自己獨立或是和一個團隊合作進行小冊子的設計，雖然他們最終還是要獨立完成自己的成果。

所有這些可能的差異化調整——以及這裡未描述到的其他許多選擇——有兩個主要目的：（1）確保所有類型的學習者在達成重要的課程結果上有最大的成長；（2）提供彈性但具有效度的學生理解證據。當學生能夠成功的精熟掌握重要概念想法和技能時，會帶來許多其他的好處——其中包含：自我效能感、體會到知識的力量、實現自己身為學習者的力量，以及隸屬於一個學習團體並對這個團體有所貢獻的感覺。有力量的課程是有效教學課堂的核心——而教師能夠以幫助學生成功的方式將每個學生與那種課程連結起來的能力，也是有效教學課堂的核心。UbD 能達成前者，差異化教學則是做到後者。這兩大元素必須同時作用並一起合作，學校才能夠有效的服務被託付給學校的所有各式各樣的學生。

UbD/DI 教室的觀察指標

　　當老師將重理解的課程設計與差異化教學的原則和做法交織整合到教室網絡當中，我們應該可以看到什麼？這一節列出一系列的觀察指標，按照四個類別來組織：「學習環境」、「課程」、「教師」、「學生」（修改自 McTighe & Seif, 2002）。這份清單看起來可能令人生畏，但我們並不會期望每一次去參訪某個教室時看到每一項指標都出現。不過，我們相信，理解與抱持 UbD 和 DI 這重要想法的老師，會自然而然並持續不斷的想方設法把它們整合融入到他們的專業知能資源庫裡面，隨著時間進展，將會有越來越多的指標成為教室裡的常態。

》》 學習環境

- 每個學生都受到有尊嚴和尊重的對待。

- 每個學生在教室裡都感到安全和受到重視。
- 每個學生都對小組學習工作做出有意義的貢獻。
- 平衡的強調個別學生和全班團體。
- 學生一起協同合作學習。
- 學生的分組有彈性，以確定有注意到同學之間的相似性和差異性。
- 有證據顯示教室裡的師生會徵詢不同學生的觀點意見，並且尊重讚揚各種不同的學習方法。
- 大概念和核心問題是學生學習、課堂活動、班級常規與教室文化的中心。
- 對每個學生都要學習大概念和回應核心問題有高度期望和激勵動機。
- 教師設計的學習工作會尊重所有學生──意思是，學習任務和評量方式都聚焦在課程最重要的目標，任務的結構設計要求學生必定要進行高層次思考，以及任務對所有學生都具有同等的吸引力和投入度。
- 教室裡會貼出大概念、核心問題和評量／評分規準。
- 可以看到學生作品的樣本／範例。

》》課程

- 各單元和課程反映出系統連貫的設計；評量方式和學習活動清楚一致的對準學科課程內容標準、大概念和核心問題。
- 有多元的方式可以吸收和探索大概念。
- 多元形式的評量能讓學生以各種方式展現他們的理解。
- 理解的評量是依據「真實的」實作表現任務，要求學生透過應用和

整合運用差異化教學和重理解的課程設計

說明解釋來展現他們的理解。

- 老師、同儕和自我評鑑學生的成果作品或表現，對於小組以及個別學生的需求和目標都有清楚的評量準則和表現標準。

- 單元或課程設計讓學生能夠重新回顧和重新思考重要的大概念，以深化他們的理解。

- 老師和學生運用各式各樣的資源，教科書只是眾多資源之一，而且這些資源會反映不同的文化背景、閱讀程度、興趣和學習方法。

》》教師

- 老師會在單元或課程一開始就告知學生大概念和核心問題、表現要求和評量標準，並且在整個單元進行過程中，持續跟學生一起反思這些元素。

- 老師幫助學生連結課程單元的大概念和核心問題與他們的背景經驗知識、興趣和志向抱負。

- 檢視與探索大概念和核心問題時，老師會吸引和維持學生的興趣，這個方法包含在班上肯定認同學生的多元興趣，並以此為基礎來搭建學生的學習。

- 除了全班整體的重要課程內容目標之外，老師也幫助學生建立和達成個人的學習目標。

- 老師運用多種教學策略，以多元方式跟學生互動，幫助每個學生更深入理解學科內容。

- 老師運用學前評量和持續性評量的資訊來決定技能需求、檢核理解、發現迷思概念、提供改進的回饋，以及調整修改教學。

- 老師每天習慣性的為學生準備度、興趣和學習模式的差異提供支援

協助。

- 老師協助、促進學生主動建構意義，而非只是「講述」。老師了解每個學生都會以不同方式建構意義，同時也需要不同的時間表來學習與發展。

- 老師運用多種策略來支持協助學生在閱讀、寫作、字詞彙、規劃能力和其他有助學業成就的基礎技能上的不同成長需求。

- 老師運用提問、追問和回饋來鼓勵學生「拆解他們的思考」、反省和重新思考。

- 老師運用多種資源（不只有教科書）來促進學生理解。

- 老師提供家長和學生有意義的回饋，讓他們了解學生的成就、進步情形和學習工作習慣。

》學生

- 學生能說明這個單元或課程的目標（大概念和核心問題）以及表現要求。

- 學生能解釋他們正在做什麼以及為什麼（也就是，今天做的事情與更大的目標之間有什麼關係）。

- 學生可以解釋說明他們的教室是如何運作的，以及各種教室元素是如何產生支持協助每個學生和整個班級成功的作用。

- 學生積極主動的貢獻協助班級常規的有效運作，並且和教師共同承擔讓班級好好運作的責任。

- 因為課程的本質和教學適合學生特殊學習需求的關係，學生在單元一開始就受到吸引，整個單元都很投入學習。

- 學生能描述評鑑小組工作和個人工作的評量準則。

整合運用差異化教學和重理解的課程設計

- 學生參與投入能夠幫助他們學習大概念和回答核心問題的活動。
- 所有學生都有機會提出相關的問題和分享個人的興趣與觀點。
- 學生能夠解釋和證明他們的學習情形及答案。
- 學生根據預先建立的評量準則和表現標準進行自我評量或同儕評量。
- 學生運用評量準則／規準指標來指引和修改他們的工作或作品。
- 學生經常反思他們的成就、進步情形和學習工作習慣，並依此來設定相關的目標。

最後的想法

　　重理解的課程設計是一個複雜的設計過程，它要求教師必須擁有深度的學科知識、「像評審一般思考」的能力，關心學習活動和評量方式的真實性，明確關注學生重新思考的品質，融合運用促進式和直接教學式的教學，以及批判檢視自己的計畫和根據回饋與結果調整計畫的個性特質。差異化教學也是一個複雜的過程，它要求教師持續關注學生的優勢長處和學習需求，而且學生不僅會隨著每個學年的推移而改變，甚至在學年當中也會不斷發展轉變；它也要求教師有能力創造彈性靈活的教學常規，好讓多元學業能力的學生能夠成功學習豐富又挑戰的學科內容和過程技能，也要有能力創造優質學習環境，既支持又激勵挑戰具備不同條件的學生。

　　要整合運用這兩個模式架構，對老師當然會是個大挑戰，但是它們也反映了當前最好的學科內容為本**以及**學生為本的課程設計、教學和評量。這兩個方法都要求老師要有意願走出他們的教學舒適圈，冒險面對拓展專業知能一開始會產生的焦慮不安，持續不斷反思他們的行動所產生的影響，並且做出各種改善調整。我們相信這些付出和努力，將會在更吸引學

生投入、更有效學習的教室裡得到超值的回報──對學生和老師都一樣。畢竟說到底，那就是讓我們的教學生涯充滿動力和成就滿足感的原因。

整合運用差異化教學和重理解的課程設計

10

朝整合運用 UbD 和 DI 前進

我們應該如何把這本書裡的想法付諸行動？

美國前總統胡佛（Herbert Hoover）曾說：「沒有化成行動的空話是暗殺理想主義的刺客。」我們認為他的想法適用於這本書。透過前面的章節，我們已經提供了連結重理解的課程設計和差異化教學的根本理由，檢視有關課程、教學、評量、評分和成績報告的原則與做法，也描述了 UbD 課程單元可以如何變得更能回應不同學生的不同學習需求。現在，我們面對的是很實際的問題：我們可以如何應用這本書裡的想法？我們應該怎麼做才能更有效的連結 UbD 和 DI？我們可以採取哪些行動來強化重要課程內容的回應式教學？

要整合這兩個架構的概念想法，並沒有單一一個「最好的」方式，而事實上，的確存在著許多可能的做法和途徑。本著這本書的精神，我們會建議你運用 UbD 設計過程來幫助你規劃出一個有效的課程行動計畫，以下是進行每個行動之前應做的一些通則型的考量。

第一階段

先從考慮你想要透過連結 UbD 和 DI 來達成的**期望結果**開始，不管你是個別教師、一個團隊或部門的領導者、一所學校的行政人員，或學區層級的職員。對學生的期望結果可以包含如下的成果：

- 所有學生都更深入的理解課程內容標準裡的「大概念」。
- 學校裡的各種學生族群都產生更高的學習興趣和參與投入度。
- 每個學生在執行對他們有意義的任務時，會有更優質的學習工作表現。
- 提升每種學生族群的學習成就。

除了學生的成果之外，期望結果也包含你希望在教室、學校或學區裡實現的一些進步目標，例如，你可能想要讓你的教學更明顯聚焦在透過核心問題來探索大概念；也許你想要更緊密的連結學科內容和學生興趣；也許有需要在教室裡實施更有彈性的教學和管理常規；或許你體認到有需要運用診斷性評量來找出學生的迷思概念和技能落差，或者運用持續性評量當作調整教學計畫的工具以引導更多的學生獲得更大的成功；也可能到了該重新設計學區評分政策和成績報告系統的時候，結合第八章提到的想法具體應用。

當你在考慮對學生**和**教學者的期望目標時，我們建議你要參考「資料」（data，以廣義來想這個名詞），例如：標準化測驗結果的分析，告訴我們需要做哪些改變？學生興趣或學習偏好問卷的調查結果有什麼建議？學生人口統計的變化會以什麼方式影響我們過去久經考驗的好做法？對學生作品的分析可以發現他們有什麼特別的學習需求？檢視出席率和行為問題的資料之後，可以發現學校對不同族群的學生是否產生作用、作用為何？這樣的「資料」會告訴我們應該設立什麼目標，也會指引我們的行動，朝向有價值的結果前進。

第二階段

心中有了特定的結果（包含學生的成果**和**專業的行動）之後，我們現在改換為「像評審一般的思考」。問問你自己：當我們已經成功連結 UbD 和 DI 的元素時，我們怎麼知道我們成功了？我們應該觀察哪些地方、應該找尋什麼來當作我們確實往目標前進的證據？什麼「資料」會提供可靠可信的目標進展證據？我們要如何評估我們目前的狀態位置？整個過程中，我們要檢視哪些衡量基準指標？有什麼可觀察的指標會顯示 UbD 和 DI 的連結確實產生了作用？有一個清楚的評量計畫能幫助我們釐清目標、聚焦行動，也會讓我們知道必須針對計畫做哪些調整。

第三階段

考慮了清楚的目標和伴隨的評量證據之後，現在是時候來想一想：具體而言，我們要如何「到達那裡」。這裡列出教室、學校和學區層級如何整合運用 UbD 和 DI 的具體做法。在你考量這些可能性的時候，我們要提供一個普遍適用的忠告，也就是這句格言：「大處著眼，小處著手。」今日的老師手上有許多顆球要應付，認清這個現實，在開始走上任何改變歷程的時候，謹慎小心為上。我們發現，為了避免「創新超負荷」，找出少少幾個與當前教學做法互補的行動來當作起始點是有好處的，一旦舒適自在的落實了幾個改變，那麼其他的改變就可以再加進來。而且，老師各有不同，就像學生一樣，因此很重要的是，要提供老師不同的路徑來成長和展現他們在 UbD 與 DI 元素上的專業成長——同時也要提供不同的支持系統來確保他們成功。

》》 身為個別教師

　　回顧本章先前呈現的那些可觀察的指標，從當中選出一個或幾個你覺得自己可以舒適自在進行嘗試的指標，做出具體計畫來實施這些想法，並且注意它們的影響效果。例如，你的學生是否更參與投入學習？更有興趣動機？產出更優質的作品或表現？學得更多？展現更深入的理解？哪些學生持續不斷朝你的期望目標前進？哪些學生沒有進展？

　　就像所有的創新歷程一樣，當你在擴展你的專業知能庫之時，可能會遇到一些崎嶇不平的難點。當你開始新的教學做法和教室常規時，做好準備要面對和處理學習之路上下起伏的曲線。就像被拉開的橡皮筋，你會有一種想要回到原本舒適圈的自然傾向，特別是當一個創新方法不如你預期的那樣平順進行的時候。一位體認到這個現實的資深專業教師曾經告訴我們，在把一個新策略整合融入自己的專業知能庫的時候，她會遵守「三次嘗試」的規則。因為大多數的教學改變在第一次嘗試的時候並不會完美的進行，所以她跟自己立下約定，在決定這個新策略是否對她的學生有幫助之前，她至少要嘗試三次。這個方法讓她能夠找出和解決問題，並且發展出運用這個新策略的舒適圈。我們鼓勵你也這樣做。

　　如果可能的話，找到一個或更多同事夥伴一起嘗試，如果能有機會跟別人合作設計、解決問題、互當彼此的教練和一起慶祝成功，那麼改變會來得容易一些。不同的老師有不同的觀點和技能，能夠帶入這個改變的歷程，透過貢獻彼此的長處來擴大強化整個團隊的進展。領域專家（例如：特殊教育、資優教育、英語文學習、閱讀、圖書館／資訊媒體）之間的夥伴合作關係，在討論和決定「對擁有多元學習需求的學生來說，什麼是最好的做法」上，特別有成效。

　　不管你如何進行，當你在堅持努力的時候，永遠記得要把期望的結果

放在眼前，它們值得你一切的努力，而且會幫助你堅持往前精進專業能力，而不會退回原狀。

》》 在學校或學區層級

這裡列出一系列教育者可能會採取的具體行動，以促進學校和學區層級連結運用 UbD 和 DI。我們並沒有打算窮舉所有可能的做法，也不是依照推薦的優先順序來排列這些行動。每個教育文化都是獨一無二的，而且採取的行動需要配合情境。不過，這些想法所反映的是許多教室、學校和學區成功採用過的行動。

● 建立一個讀書會，一起閱讀和討論這本書。如果想要更深入探討，可以視學校或學區裡個別老師和小組成員的興趣和需求，閱讀和討論《重理解的課程設計》、《重理解的課程設計——專業發展實用手冊》、《設計優質的課程單元——重理解的設計法指南》、《核心問題：開啟學生理解之門》、《領導差異化教學：培育教師，以培育學生》（以上中譯本為心理出版）、《能力混合班級的差異化教學》、《差異化班級：回應所有學習者的需求》（以上中譯本為五南出版）、《實現差異化教學的承諾：回應式教學的策略與工具》（Tomlinson, 2003）。

● 觀看並討論由美國教育視導與課程發展協會（ASCD）出版的 DI 和 UbD 主題影片或 DVD，例如差異化教學實踐案例系列影片：「差異化班級：回應所有學生的學習需求」系列影片、「啟發差異化教學：差異化課堂的教學策略」系列影片；重理解的課程設計系列影片：「什麼是理解？」、「運用逆向設計過程、調整修改單元設計」；「核心問題」系列影片。

- 指派教師和行政人員組成一個代表團隊，參加當地、區域性或全國性的 UbD 和 DI 工作坊或研討會。
- 在學區或學校裡，找到經費贊助辦理 DI、UbD 或整合運用兩者的入門介紹工作坊（例如：在職期間進行的一天研習）。
- 在教職員會議和團隊會議中，探討有關 UbD 和 DI 的核心問題。從以下這些問題著手：

> 我們可以如何達到課程內容標準但又不會變得統一標準化？
>
> 什麼內容是值得理解的？
>
> 在學習當中，教室環境扮演什麼角色？
>
> 我們如何知道學生**真的**理解我們所教的內容？
>
> 我們可以如何運用學前評量和持續性評量的資料來形塑、調整我們的教學，盡最大的可能讓學生成功學習？
>
> 在這個以標準為主的年代，我們要如何善用學生的學習動機？
>
> 在形塑我們學生的學校經驗上，文化扮演什麼角色？
>
> 如果不想一直依賴「模擬考試」，我們要如何提升學生成就？

- 派「偵察」隊去參觀正在運用 DI 和 UbD 的學校或學區，並回報這樣的做法對你的學校或學區可能會有什麼好處。
- 找出一群核心的種子老師和行政人員，在學校／學區擔任先鋒部隊，率先嘗試整合運用 UbD/DI。
- 找出學校或學區的規劃團隊人員，一起閱讀檢視《差異化學校和教室的領導》（*Leadership for Differentiating Schools and Classrooms*, Tomlinson & Allan, 2000）和《領導差異化教學：培育教師，以培育學生》（Tomlinson & Murphy, 2015；中譯本為心理出版），並發展出一個行動計畫。

整合運用差異化教學和重理解的課程設計

- 提供時間和其他獎勵措施給先鋒部隊或種子成員，激勵他們設計和分享差異化處理的 UbD 單元。
- 創造差異化教學專家團隊，例如：一位特教老師、一位弱勢學生輔導師、一位資優教師和一位教導不同族群學生學英語（或官方語言）的教師，定期聚會分享彼此的專業知能，好讓他們越來越能舒適自如的處理不同學生的學習需求，同時也安排他們定期進入一般教學的教室，跟一般老師分享他們的專業知能。
- 召開焦點式的教職員工會議（例如：每個月一次），每次分享一個整合運用 UbD 和 DI 的想法。
- 提供鼓勵性質的補助金給有興趣探索如何整合運用 UbD 和 DI 的團隊或學校。
- 在學年或學科團隊裡，探討和解壓縮課程內容標準（也就是找出理解的大概念和核心問題）。
- 在學年或學科團隊裡，發展主要的實作表現任務，有差異化的選項和共同的評分評量規準。
- 在學年或學科團隊裡，討論如何實施彈性的教學常規，讓老師得以關注小組學生和個別學生。
- 分析分類細化的學生成就資料，找出亟需差異化教學的目標領域。
- 分析目前的學生成就資料，找出學生誤解的領域並發展教學介入計畫。
- 創造一個學校／學區 UbD 課程地圖（亦即，包含理解、核心問題和主要的實作表現任務）。
- 發展並列出幾個優質運用 UbD 和 DI 的重要指標，於教室走察（walkthrough）時使用。
- 在學區裡（或與鄰近學區合作），找到經費贊助辦理暑期三到五天

的課程設計／差異化教學工作坊。

- 研擬和實施一個三到五年的行動計畫，進行 DI 和 UbD 的教師專業發展和課程發展。
- 研擬和實施一個以 UbD 和 DI 為主題的初任教師導入方案。
- 在學年或學科團隊裡，檢視和評鑑學生在主要實作表現任務的作品，選擇全校或全學區的「定錨標準」作為共同的評量規準。
- 針對學生學習成就有問題的領域，建立和實施行動研究／課堂研究團隊。
- 發展一個標準本位的評分和成績報告系統，內含學生進步情形和學習工作習慣這兩類回饋訊息。
- 依據 DI 和 UbD 修訂教師和行政人員的評鑑流程。
- 尋求州政府、聯邦政府和基金會的經費補助，以支持 UbD 和 DI 的實施。

想要推進以高品質課程和對每個學生有效教學為特點的教室，可能的做法有很多，但挑戰也很多。說到底，正如教育界裡典型常見的，進步乃是源自於那些了解「對明天而言，昨日永遠不夠好」的教師深思熟慮和堅持不懈的努力，他們會像某個宣布獲得殊榮的航空公司一樣這麼說：「我們剛剛被評為全國第一的航空公司——而且我們承諾我們會做得更好。」我們相信，對於這樣的教師，這本《整合運用差異化教學和重理解的課程設計》會是這趟教育旅程極具價值的指南。

APPENDIX

附錄

身為教育者，我們應該在學術研究裡尋找有根有據的實務做法。我們的專業，就像所有其他的職業一樣，會在我們投身於檢驗實務、發展理論以及系統化研究探討理論與實務的循環過程之中，不斷的強化增長。

本附錄概要的提供支持「為理解而教」和「回應式教學」的理論、研究及專家建議。

支持重理解的課程設計的理論與研究

重理解的課程設計（UbD）的架構，主要是受到兩大支流的研究發現匯合而成的證據所影響和指引：認知心理學的理論研究和學生學習成就研究的結果。

》認知心理學的研究

我們的起點是檢視一份綜合分析多年來學習和認知研究結果的文獻，以全面但易讀的方式歸納整理而成的《學習原理：心智、經驗與學校》（ *How People Learn: Brain, Mind, Experience, and School*; National Research Council, 2000；中譯本由遠流出版）。該書提供了學習歷程的全新概念，並且解釋說明了如何能夠最有效的學習、獲得重要學科領域的技能和理解。

關於重理解的課程設計的重要研究發現如下：

- 對於有效學習的觀點，已經從重視學生勤勞的反覆練習轉變為重視學生的理解和應用知識。

- 指引學習的原則，必須是通則普遍化、可廣泛運用的原則。以記憶背誦層次學得的知識，很少發揮遷移應用的效用；當學生知道和理解可應用於新情境解決問題的深層概念和原則時，遷移應用最有可能發生。相較於只是記憶背誦一篇文本或一場演講的知識訊息，深入理解的學習更有可能促進遷移應用。

- 專家會致力於發展對眾多問題的理解，而這樣的理解常常是運用核心概念或大概念來思考。新手的知識較不可能以大概念來組織，新手處理問題的方式大多是透過搜尋正確的公式和出於日常直覺的立即解答。

- 針對專家知能所做的研究顯示，表面化的教過學科領域的諸多主題，可能是一個很糟糕的方式，難以幫助學生發展足以應付未來學習和工作的能力。強調知識廣度的課程，可能會阻礙有效知識組織的形成，因為沒有足夠的時間好好深入學習任何事物。這種「一英里寬，一英寸深」（廣度有餘，深度不足）的課程存在著很大的風險，學生恐怕會發展出片段瑣碎、無法連結的知識，而非如專家一般緊密連結的知識。

- 回饋對學習來說是很重要的，但在許多教室裡，回饋機會是很有限的。學生可能會收到測驗考試和作業文章的分數，但這些是發生在每段學習時間結束時的總結性評量。分數本身並不會提供任何關於需要改進之處的具體建議和即時資訊。學生需要的是形成性評量，能夠提供學生多次機會去修正和改善他們思考和理解的品質。

- 許多評量方式只測量到命題（事實）知識，而且從未詢問學生是否

知道何時、何處和為什麼要運用那些知識。如果目標是深入理解的學習，那麼評量和回饋的焦點就必須放在理解，而非只是記得程序或事實。

- 專家教師知道他們教的學科領域的結構，而這樣的知識會讓他們腦海裡有一張認知的道路地圖，指引他們給學生做的作業和用來測量學生進步情形的評量方法。「為理解而教」並非只是由一些普遍通用的教學方法所組成，研究結果挑戰「一位好老師什麼科目都能教」的主張，並且強調深入的學科內容知識結合教學法的重要性。

這些研究發現為重理解的課程設計架構提及的教學和評量做法提供了重要的概念基礎。

》》學生成就的調查研究

接下來這一節歸納總結三項成就研究的結果，雖然學科領域和年級程度有點不同，研究結果都一致支持重理解的課程設計的原則和做法。

Newmann、Bryk 和 Nagoka（2001）調查 24 所小學、國中和高中層級的重建學校，研究數學和社會科應用實境式教學暨評量方法的效果。這項研究以一系列的標準來評估實境式教學暨評量方法，包含高層次思考、深度知識方法和連結教室以外的世界。

研究對象為能力相近的學生，分別在高度和低度實境式教學暨表現評量的班級，比較他們在這些標準上面的表現。研究結果很驚人：在高度實境式教學暨評量班級裡的學生，不管是高成就或低成就的學生，實質上都受到很大的幫助。另一個顯著的發現是，當學習表現總是低落的學生被教導和評量如何運用這些策略時，在高成就和低成就學生之間的不平等現象

大幅的減少了。這些發現支持重理解的課程設計，強調運用真實的實作表現評量和教學法，將課程的焦點提升到深入的知識和理解，同時也強調主動和反思的教與學。

另外的兩個支持證據，來自於芝加哥大學的芝加哥學校聯合研究中心（Consortium on Chicago School Research）在芝加哥公立學校所做的學生成就影響因素研究。在第一個研究裡，Smith、Lee 和 Newmann（2001）把研究焦點放在小學學校裡不同的教學形式和學習之間的關係，他們檢驗二到八年級超過 10 萬個學生的測驗分數，以及 384 所芝加哥小學超過 5,000 位教師的問卷調查結果，結果提供了很強的實證支持：教師使用的教學方法的特質會影響學生閱讀和數學的學習效果。更具體來說，研究發現清楚且一致的證據證明：在這兩個科目，互動式教學法與學生較多較好的學習有正相關。針對本研究的目的，Smith 和他的同事們（2001）這樣說明互動式教學法的特徵：

> 教師的角色主要是嚮導或教練的類型，教師運用這種形式的教學來創造學習情境，學生在其中……問問題、發展解決問題的策略並且彼此互動溝通……學生經常被要求解釋說明他們的答案和討論他們是如何得到結論的。這些教師評量學生對於知識的精熟掌握程度，通常是透過要求學生解釋和延伸論述寫作的討論、實作計畫或測驗。除了內容的精熟之外，發展答案的過程也會被視為評量學生學習品質的重要項目。
>
> 在強調互動式教學的教室裡，學生透過跟彼此和老師對話，有時是辯論，來討論想法和答案。學生設法應用或詮釋學習素材來發展對於某個主題的新理解或更深入的理解，這些作業可能得花幾天的時間才能完成。在互動式教室裡的學生，經常被鼓勵在老師設計的教學單元裡

整合運用差異化教學和重理解的課程設計

選擇他們想要研究的問題或主題，在同一節課裡，不同的學生可能會
進行不同的任務。（p. 12）

研究發現這種能夠提升學生學習成就的教學法，非常類似重理解的課
程設計所倡導的以發展和評量學生理解為目標的教學方式。

在另一個相關研究裡，Newmann、Bryk 和 Nagaoka（2001）檢驗課堂
作業的性質與標準化測驗表現之間的關係。研究者在長達三年的時間，隨
機選擇和控制對照學校，系統性的收集和分析三、六和八年級課堂的寫作
及數學作業。此外，他們也評鑑因不同作業而產出的學生作品。最後，研
究者檢驗課堂作業性質、學生作品品質和標準化測驗分數之間的相關性。
作業的等級區別是依據它們要求學生付出多少程度的「真實」心智運作，
研究者將之定義為：

真實心智運作涉及原創性的運用知識和技能，而非只是慣例性的使用
事實和程序步驟。它也必須運用訓練有素的探究能力，深入特定問題
的細節，並產出超越學校所定義的成功、有意義或有價值的產品或報
告。我們總結歸納真實心智運作的具體特徵，包含：知識的建構，運
用訓練有素的探究能力，產出在學校之外仍具有價值的論述、產品或
表現。（pp. 14-15）

這個研究的結論是：

接受要求更多挑戰心智運作的作業的學生，在愛荷華州基本技能測驗
（Iowa Tests of Basic Skills）的閱讀和數學得分，高出平均分數許多；
在伊利諾州目標評量計畫（Illinois Goals Assessment Program）的閱

讀、數學和寫作上，也展現了比較高分的表現。與某些預期相反的，我們在某些非常弱勢的芝加哥教室裡發現高品質的作業，也發現這些教室裡的所有學生都因為接觸這樣的教學法而受益匪淺。因此，我們做出結論：要求學生運用更多真實心智運作的作業能夠實際提升學生在傳統測驗上的分數。（p. 29）

熟悉重理解的課程設計的教育者，立刻會認出平行類似的教學方法，UbD 設計模式裡的教學法基本元素，就是經研究發現能提升學生成就的教學方法。就像這些研究者提出的「真實」心智運作概念，UbD 教學法也要求學生透過訓練有素的學科探究來建構意義，對於理解的評量則要求學生在「真實」情境裡應用學習，並且解釋或證明他們的成果作品。

1995 年進行的第三屆國際數學與科學教育成就趨勢調查（The Third International Mathematics and Science Study, TIMSS），測試 42 個國家四、八、十二年級學生的數學和科學成就，是當時最大型、最全面且嚴謹的評量調查研究。雖然 TIMSS 的結果眾人皆知——美國學生的表現輸給了大多數工業化國家的學生（Martin, Mullis, Gregory, Hoyle, & Shen, 2000），但是有一份較少受到報導宣傳、伴隨 TIMSS 所做的教學調查研究，提供了深入洞察其中影響因素的解釋說明。研究群在美國、日本和德國運用錄影、問卷調查和測驗資料，全面詳盡的進行課堂教學分析，而後提出驚人的證據證明以理解為目標的教學非常有助於優化、提升學生的表現（關於這項大型研究的其他訊息，可參見 TIMSS 網站：http://nces.ed.gov/timss/）。舉例來說，TIMSS 的測驗和教學調查研究資料清楚的顯示，雖然日本數學科教學的主題比較少，但他們的學生卻有比較好的成就。相對於「教完」許多個別獨立的技能，日本教師說他們的主要目標是發展學生的概念性理解，他們強調深度而非表面的教完內容，也就是說，就教科書裡

整合運用差異化教學和重理解的課程設計

的個別主題或頁數而言，他們雖然教得比較少，但他們強調問題解決式的學習，在這樣的教學裡，規則和定理是由學生推導出來並提出解釋說明，因此產生更深入的理解（Stigler & Hiebert, 1999）。這種方式反映了 UbD 所說的「啟發」課程的大概念。總之，測驗分數較高的國家運用的教學策略是要能夠提升學生的理解，而非「全部教完」和記憶背誦式的學習。

當學術界廣為認同重理解的課程設計架構在理論和實務上的價值之後，許多學校、學區、區域性的教育服務機構、大學和其他教育組織也開始在他們的工作上運用 UbD：

- 英特爾公司（Intel）的「為未來而教」計畫將 UbD 納入全國教師培訓計畫。
- 約翰‧甘迺迪中心（John F. Kennedy Center）執行的表演藝術透過藝術改變教育計畫（Changing Education Through the Arts, CETA）協調組織了一個跨多校多學區的課程計畫，運用 UbD 架構設計出藝術融入的跨學科領域單元課程，有興趣了解者可參見：https://www.kennedy-center.org/education/。
- 在比爾及梅琳達‧蓋茲基金會（Bill and Melinda Gates Foundation）的經費贊助下，華盛頓州運用重理解的課程設計作為訓練課程與評量設計之教師領導者的基石。在過去三年多來，全州已有超過三千名教師參加過這個系統性的訓練。
- 國際文憑（International Baccalaureate, IB）課程運用 UbD 架構來重新設計小學課程（Primary Years Program, PYP）的模板，這是全世界都在使用的課程。
- 和平工作團（Peace Corps）已經採用 UbD 的架構來指引它的國際課程發展（例如：世界學校）與和平工作團志工的一般訓練。
- 國家科學基金會（National Science Foundation）贊助的中等學校科

學和數學課程計畫選用重理解的課程設計作為設計格式。

- 加州領導學院（California State Leadership Academy, CSLA）運用 UbD 作為修訂其全州領導力訓練課程的架構。

- 美國公共廣播公司（Corporation for Public Broadcasting）與安納伯格信託基金會（Annenberg Foundation）合作，製作了八集「每間教室裡的藝術」（*The Arts in Every Classroom*）系列錄影帶，其中第五、六集〈設計多元藝術課程〉和〈課程設計裡的評量角色〉示範如何運用 UbD 來進行藝術教育的課程和評量發展。

- 德州社會領域中心（Texas Social Studies Center）採用 UbD 的課程架構，發展標準本位課程單元示範案例，發送給全州的教師參考。

支持差異化教學的理論與研究

這一節檢視差異化教學的理論和研究基礎。你會注意到 UbD 和 DI 都是引用相同的認知心理學和人類發展的基礎，因此兩者都推薦互補的實務做法。

提倡回應學生學習需求的差異化教學，除了常識和經驗型的理由之外，有大量的理論和研究闡明了差異化教學的基礎原理以及它對學習的影響，我們將之摘要總結在這裡。（更詳細的理論和研究檢視，以及實施回應式教學的挑戰，請參見 Tomlinson et al., 2004。）

學生有準備度、興趣和學習風格上的差異，雖然這三個因素彼此重疊而且交互作用，但是分開檢視這三個因素還是有澄清思考的作用。這些因素在學習上的重要性，以及回應學生在每個因素的差異所產生的效果，提供了一個檢驗理論和研究的架構。

　整合運用差異化教學和重理解的課程設計

》 準備度

準備度涉及一個學生對於特定知識、理解和技能的接近度或精熟掌握度，它會影響這個學生的學習。支持差異化教學的理論邏輯線是這樣的：

- 學生必須在一個適當的挑戰程度或難度，才能學習他們想要學習的事物。
- 當任務對學生而言太過困難時，他們會覺得挫折而且無法有效能或高效率的學習。
- 當任務對學生而言太過簡單時，他們會覺得無聊而且也沒有學習——儘管事實上他們可能會得到高分。
- 要真正的學習，給學生的任務必須對那個學生具有適當的挑戰度。
- 學習發生在學習任務對學生來說有點太難，並且有人提供鷹架支持來幫助學生跨越那個難度的時候。
- 學習的發生是透過漸進發展的提供適當鷹架支持給學生，讓他逐步完成剛好超出他能掌握的難度的任務。
- 當學習任務對學生一直太難或太簡單的時候，學習動機就會降低（Csikszentmihalyi, Rathunde, & Whalen, 1993; Howard, 1994; Jensen, 1998; National Research Council, 2000; Vygotsky, 1962, 1978）。

同時，關於準備度，長期以來，有一些研究持續指出當學習任務配合學生準備度時會產生的好處，包含這些研究結果：

- 當教師診斷一個學生的技能程度並依此指派適當的任務時，學生會學得更有效（Fisher et al., 1980）。
- 當學習任務的結構符合學生的發展層次時，學生會學得更有效（Hunt, 1971）。

- 教室裡的個別學生以高成功率在學習時，他們對自己以及正在學習的學科的感覺會比較好，而且也會學得比較多（Fisher et al., 1980）。

- 在差異化教學是目的也是必須的多年級班級的學生，於本研究使用的 75% 的評量項目上，表現皆勝過同年級班級的學生（Miller, 1990）。其他研究也顯示，相較於同年級班級的學生，多年級班級的學生在學習工作習慣、社交互動、協同合作和對學校的態度上，都有比較好的表現；在成就測驗上，他們的得分也跟同年級班級的學生一樣好或者更好（Gayfer, 1991）。

- 研究調查 57 個不分年級的班級，在本研究檢視的 58% 的學習情境裡，成就結果都比較好；也發現在 33% 的學習情境裡，不分年級的班級至少都跟分年級的班級一樣有效；只有在 9% 的學習情境裡是分年級的班級表現較佳。心理健康的構成元素也是不分年級的班級比較好。而且，有證據顯示學生在這種不分年級的情境裡學習越久，學習效果會變得更正向（Anderson & Pavan, 1993）。

- 在一項五年期的青少年長期追蹤研究裡，本身的技能未受到學習任務適當挑戰的學生，表現出對學習活動的低投入度和專注力不斷降低。本身的技能不足以應付學習任務挑戰程度的學生，則是表現出低成就和自我價值感低落。研究者的結論是：有效發展學生天賦才能的教師會創造與學生技能程度相稱的學習任務（Csikszentmihalyi et al., 1993）。

》》 興趣

興趣涉及學生對於某個主題或學科領域的喜好傾向和投入程度，它會

影響學生的學習動機。在回應學生興趣的差異化教學的理論基礎裡，有這些原則以及提倡這些原則的理論學者：

- 當一個人的興趣被激發之時，學習就可能變得更值得、有意義，學生也更可能變成一個自動自發的學習者（Bruner, 1961）。
- 透過幫助學生發現和追求興趣，我們可以極大化他們的學習投入度、生產力和個人的天賦才能（Amabile, 1983; Collins & Amabile, 1999）。
- 當學生在學習工作上感覺到「心流」（flow），他們可能會更加認真努力、更能堅持下去，而且更想發展、學會完成這項工作必須具備的技能（Csikszentmihalyi, 1990）。

不少研究發現確證了課堂教學必須處理學生興趣的重要性，例如這些研究：

- 擁有自由權可以選擇做什麼、追索什麼問題和學習研究什麼主題，奠定了學生創造性成就的基礎（Collins & Amabile, 1999）。
- 如果教師能讓學生在可以自由自在交流想法和分享興趣的環境中，參與討論他們學習工作的樂趣，那麼學生的動機就可以長期維持下去（Hennessey & Zbikowski, 1993）。
- 學生的興趣是關鍵，能讓學生有持續的動機去追求不斷增加複雜度的學習任務。對先前的學習任務有成就感也很重要，常常能讓學生願意繼續從事他們暫時覺得無趣的工作（Csikszentmihalyi, 1990）。
- 當學生對他們所學的事物感興趣，不管從短期和長期效果來看，都對他們的學習有正向的影響（Hébert, 1993; Renninger, 1990）。

》》 學習風格

學習風格（learning profile）指的是學生喜好的學習模式或方式，學生會運用它們來好好處理他們需要學習的事物。學習風格的形塑受到一個人的性別、文化、學習型態方式和多元智能取向的影響，而且這些形塑因素通常會相互重疊。學習風格會影響學習的效能。在回應學生學習風格的差異化教學理論基礎裡，有以下原則和提倡這些原則的理論學者：

- 不同的教室特徵，包含環境、情意、社會學和物理的特徵，都會影響學生對學習的態度以及學習本身（Dunn, 1996）。

- 學生自己的神經生理型態——例如注意力控制、記憶系統、語言系統、順序性和空間性系統、肌肉運動系統、高層次思考系統和社交思考系統——會影響他們如何學習的方式。當課堂教學方式與學生的學習需求不符合時，學生在學校的學習就可能產生困難（Levine, 2002）。

- 智能會展現在多元的場域，雖然這些展現是流動多變而非固定不變的，但是在教學上若能夠滿足學生的多元智能取向，學生會受益匪淺（Gardner, 1983; Sternberg, 1985）。

- 一個人的性別會影響這個人看世界、跟世界互動的方式——包含教室。雖然概括歸類為某種性別並不是很恰當，但可能確實存在著一些女性偏好的學習模式和一些男性偏好的學習模式（Gilligan, 1982; Gurian, 2001; Tannen, 1990）。

- 一個人的文化會形塑他的觀點、思考角度、參考架構（frames of reference）、溝通模式、身分認同感和認知風格。雖然任何文化都展現極大的差異性，而且概括歸類為某種文化並不是很恰當，但偏好某種文化模式並對其他團體文化不友善的教室，可能會負面影響

整合運用差異化教學和重理解的課程設計

那些來自不被友善對待的文化團體的學生學習（Banks, 1993, 1994; Delpit, 1995; Lasley & Matczynski, 1997）。某些教室也可能比較善待來自某些經濟階級的學生，對其他經濟階級的學生不利（Garcia, 1995）。重要的是，教室應該提供各種不同的學習素材、認知運作歷程和學習程序，好讓來自許多不同背景的學生能夠找到舒適自在、有效學習之處（Educational Research Service, 2003）。

不少研究發現確證了課堂教學須滿足學生學習風格需求的重要性，例如這些研究：

- 針對課堂教學關注並回應學生學習風格之影響效果相關研究所做的後設分析研究，發現這種做法對許多種文化團體的學生的學習態度和學業成就都有顯著的正向影響（Sullivan, 1993）。
- Dunn 和 Griggs（1995）指出，處理與滿足學生的學習風格需求，對小學生、中學生、情緒障礙學生和學習障礙學生——以及美洲原住民、西班牙裔、非裔美國人、亞裔美國人和高加索白種學生都有正向的學習影響。
- 當學生的文化差異在教室裡被忽略或誤解時，可能會損害許多少數族群背景學生的學業成就（Delpit, 1995）。
- 課堂教學符合學生偏好的學習模式（亦即分析型、創意型或實作型）的實驗組學生，不論是小學、國中和高中層級，學習成就都顯著優於控制組學生，甚至當實驗組學生是以他們偏好的模式受教育並以傳統方式測驗時，還是顯著優於控制組（Grigorenko & Sternberg, 1997; Sternberg, 1997; Sternberg, Torff, & Grigorenko, 1998）。

>> 整體檢視差異化教學模式

越來越多的研究是在檢視應用差異化教學作為一種班級教學模式所產生的影響力。這些研究發現包括：

- 在許多學校的班級裡，當教師以符合學生的「多元智能取向」來教導低經濟地位的小學生時，這些學生的學業成就和對學校的態度都會變得越來越好（Tomlinson, Callahan, & Lelli, 1997）。

- 以五所國中的學生作為研究對象，相較於控制組和評量實驗組班級學生，差異化教學實驗組班級的學生表現出小幅領先但統計上達顯著差異的學業成就（Brighton, Hertberg, Callahan, Tomlinson, & Moon, in press）。

- 針對一群經常在高風險標準化測驗表現低成就分數的小學生，施以差異化教學後，證明有強力且顯著的提升成就的結果（Brimijoin, 2002）。

- 在一所小學裡，教師們已經研究並應用差異化教學原則超過四年的時間，各年級學生的表現持續展現出正向的成就得分，優於同一學區其他學校的學生同一時期的表現（Tomlinson, 2005）。

- 在一所高中裡，教師們已經研究並應用差異化教學原則超過三年的時間，學生的成就得分持續增長（Tomlinson, 2005）。

有關差異化教學和學生受益的研究很鼓舞人心，但要注意的是，我們需要更多的研究來指出：差異化教學的哪些要素對特定學生有幫助或沒有幫助，到達什麼程度以及在什麼情境底下這些幫助會增加或不會增加。我們也需要加入更多的研究來探討什麼因素會鼓勵和阻礙老師關注學生的差異。每位老師和每所學校不只有能力也有責任要應用特定的教學模式，同

時也要仔細研究這樣的教學實施對學生產生什麼影響和結果。

》 呼籲在教室裡落實差異化教學

基於研究結果和當前教室的實際情況，現在許多教育實務領域的人士都殷切的提供忠告，希望教師在教學時要將學生的多元差異放在心上。

- 針對幼兒教育教師，國家幼教協會（National Association for the Education of Young Children, NAEYC）提醒我們，學校有責任要符應孩子的發展需求和程度來調整教學，而不是期望孩子去適應一個未能滿足他們個人需求與發展的教育制度（LaParo, Pianta, & Cox, 2000）。

- 針對青少年學生的教師，《轉捩點 2000》（*Turning Points 2000*; Jackson & Davis, 2000）建議，班級應該由學習需求、成就程度、興趣和學習方式各有不同的學生來組成，而且教學應該要差異化的善加利用這樣的多元差異，而非忽略它。

- 針對高中學校教師，研究者建議高中學校的教室必須提供許多成功的機會給不同的學習者，並且調整教學模式以回應個別學生的文化背景、天賦才能、興趣以及過去表現所暗示的學習需求（Darling-Hammond, Ancess, & Ort, 2002）。

- 檢視成功的閱讀教學，研究結果告訴我們，典範教師不會照本宣科的使用所有學生一體適用的教材。這些教師教的是學生，不是教材，他們的教學重點聚焦在讓個別學生參與、投入學科領域的讀寫學習（Allington, 2003）。

- 國家專業教學標準委員會（National Board for Professional Teaching Standards, 1989）在定義專業教學時，提出它的第一要件是：優秀

傑出的教師會認識了解學生的個別差異，並依此來調整他們的教學做法。

- 在探討評量與教學的關係，以及運用評量來促進學習時，Earl（2003）說：

差異化教學並不表示你要給班上每一個學生一種不同的教材課程，也不是運用能力分組來減少這些差異。它的意思是運用你所擁有的關於學習和每個學生的知識，提升、改善你的教學，好讓所有學生都能以適當的方式學習、對他們的學習產生最大的影響力。而且，評量會提供必要的資訊讓你做到這件事。（p. 87）

Earl 也提醒我們，一旦我們意識到某個學生需要什麼才能好好學習，差異化教學就不再是一個可供選擇的選項，而是身為教師明顯必須做出的回應。這種思路確實掌握到 DI 和 UbD 共有的目的，它建議我們應該心存清楚的教育目標、持續評量以找出個別學生目前距離這些目標的進展位置、運用評量資料以確保我們能協助每個學生運用對他們有用的學習方式成功達標。Earl 指出，做到這些是身為教師的專業責任。

Sarason（1990）在反省思考他所研究的學生對學校教育的評語後，提醒所有教師：學生覺得一體適用、要求每個人在相同時間用相同方式學習相同內容、不顧他們個人的學習需求是什麼的教學傳遞系統，是背棄、辜負他們的做法。他指出，學生們企求的是不一樣的教與學的方式。

整合運用差異化教學和重理解的課程設計

REFERENCES

參考文獻

Adler, M. J. (1982). *The Paideia proposal: An educational manifesto.* New York: Macmillan.

Allington, R. (2003). The schools we have, the schools we need. Retrieved September 11, 2003, from http://cela.albany.edu/schools/rtinvite.html.

Amabile, T. (1983). *The social psychology of creativity.* New York: Springer.

Anderson, R., & Pavan, B. (1993). *Nongradedness: Helping it to happen.* Lancaster, PA: Technomic.

Association for Supervision and Curriculum Development. (2003). *Differentiated instruction stage 2: An ASCD professional development planner.* Alexandria, VA: Author.

Banks, J. (1993). *Multicultural education: Issues and perspectives* (2nd ed.). Boston: Allyn & Bacon.

Banks, J. (1994). *Multiethnic education: Theory and practice* (3rd ed.). Boston: Allyn & Bacon.

Black, P., & William, D. (1998). Inside the black box: Raising standards for classroom assessment. *Phi Delta Kappan, 80*(2), 139–148.

Bloom, B. S. (Ed.). (1956). *Taxonomy of educational objectives: The classification of educational goals: Handbook I. Cognitive domain.* New York: Longmans, Green.

Bransford, J., Brown, A. L., & Cocking, R. R. (2000). *How people learn: Brain, mind, experience, and school (expanded edition).* Washington, DC: National Research Council.

Bransford, J., Brown, A. L., Cocking, R. R., & National Research Council (U.S.), Committee on Developments in the Science of Learning. (1999). *How people learn: Brain, mind, experience, and school.* Washington, DC: National Academy Press.

Brighton, C., Hertberg, H., Callahan, C., Tomlinson, C., & Moon, T. (In press). *The feasibility of high end learning in academically diverse middle schools.* Storrs, CT: National Research Center on the Gifted and Talented.

Brimijoin, K. (2002). *Expertise in differentiation: A preservice and inservice teacher make their way.* Unpublished doctoral dissertation, University of Virginia, Charlottesville, VA.

Bruner, J. (1961). The act of discovery. *Harvard Educational Review, 31,* 21–32.

Collins, M., & Amabile, T. (1999). Motivation and creativity. In R. J. Sternberg (Ed.), *Handbook of creativity* (pp. 297–312). New York: Cambridge University Press.

Costa, A., & Kallick, B. (2000). *Discovering and exploring habits of mind*. Alexandria, VA: Association for Supervision and Curriculum Development.

Costa, A., & Kallick, B. (2000). *Activating and engaging habits of mind*. Alexandria, VA: Association for Supervision and Curriculum Development.

Covey, S. (1989). *Seven habits of highly effective people: Restoring the character ethic*. New York: Simon & Schuster.

Csikszentmihalyi, M. (1990). *Flow: The psychology of optimal experience*. New York: Harper & Row.

Csikszentmihalyi, M., Rathunde, K. R., & Whalen, S. (1993). *Talented teenagers: The roots of success and failure*. New York: Cambridge University Press.

Darling-Hammond, L., Ancess, J., & Ort, S. W. (2002). Reinventing high school: Outcomes of the Coalition Campus Schools Project. *American Educational Research Journal, 39*(3), 639–673.

Day, H. I., Berlyne, D. E., Hunt, D. E., & Ontario Institute for Studies in Education, Department of Applied Psychology. (1971). *Intrinsic motivation: A new direction in education*. Toronto: Holt.

Delpit, L. (1995). *Other people's children: Cultural conflict in the classroom*. New York: New Press.

Dunn, R. (1996). *How to implement and supervise a learning styles program*. Alexandria, VA: Association for Supervision and Curriculum Development.

Dunn, R., & Griggs, S. (1995). *Multiculturalism and learning style: Teaching and counseling adolescents*. Westport, CT: Praeger.

Earl, L. M. (2003). *Assessment as learning: Using classroom assessment to maximize student learning*. Thousand Oaks, CA: Corwin.

Educational Research Service. (2003). *What we know about culture and learning*. Arlington, VA: Author.

Erickson, L. (1998). *Concept-based curriculum and instruction*. Thousand Oaks, CA: Corwin.

Fisher, C., Berliner, D., Filby, N., Marliave, R., Cahen, L., & Dishaw, M. (1980). Teaching behaviors, academic learning time, and student achievement: An overview. In C. Denham & A. Lieberman (Eds.), *Time to learn* (pp. 7–32). Washington, DC: National Institutes of Education.

Flavell, J. (1985). *Cognitive development*. Englewood Cliffs, NJ: Prentice Hall.

Garcia, G. (1995). Equity challenges in authentically assessing students from diverse backgrounds. *Educational Forum, 59*(1), 64–73.

Gardner, H. (1983). *Frames of mind: The theory of multiple intelligences*. New York: Basic Books.

Gayfer, M. (1991). *The multi-grade classroom: Myth and reality, a Canadian study*. Toronto: Canadian Education Association.

Gilligan, C. (1982). *In a different voice: Psychological theory and women's development*. Cambridge, MA: Harvard University Press.

Grigorenko, E., & Sternberg, R. (1997). Styles of thinking, abilities, and academic performance. *Exceptional Children, 63*, 295–312.

Gurian, M. (2001). *Boys and girls learn differently: A guide for teachers and parents*. San Francisco: Jossey-Bass.

Guskey, T. (2000). Grading policies that work against standards . . . and how to fix them. *NASSP Bulletin, 84*(620), 28.

Guskey, T., & Bailey, J. (2001). *Developing grading and reporting systems for student learning.* Thousand Oaks, CA: Corwin.

Hébert, T. (1993). Reflections at graduations: The long-term impact of elementary school experiences in creative productivity. *Roeper Review, 16*(1), 22–28.

Hendrie, C. (2002). Errors on tests in Nevada and Georgia cost publisher Harcourt. *Education Week, 22*(1), 24.

Hennessey, B., & Zbikowski, S. (1993). Immunizing children against the negative effects of reward: A further examination of intrinsic motivation training techniques. *Creativity Research Journal, 6*, 297–307.

Howard, P. (1994). *An owner's manual for the brain.* Austin, TX: Leorian.

Hunt, D. E. (1971). *Matching models in education* [Monograph No. 10]. Ontario, Canada: Institute for Studies in Education.

Jackson, A., & Davis, G. (2000). *Turning points 2000: Educating adolescents in the 21st century.* New York: Teachers College Press.

Jensen, E. (1998). *Teaching with the brain in mind.* Alexandria, VA: Association for Supervision and Curriculum Development.

Kameenui, E. J., Carnine, D. W., Dixon, R. C., Simmons, D. C., & Coyne, M. D. (2002). *Effective teaching strategies that accommodate diverse learners* (2nd ed.). Upper Saddle River, NJ: Merrill/ Prentice Hall.

Kean, M. (1994). *Criteria for a good assessment system.* Proceedings of the 1994 National Association of Test Directors Annual Symposium, presented at the National Council on Measurement in Education Annual Conference, New Orleans, LA.

Knapp, M. S., Shields, P. , & Turnbull, B. J. (1992). *Academic challenge for children of poverty: The summary report.* Arlington, VA: Educational Research Service.

LaParo, K., Pianta, R., & Cox, M. (2000). Teachers' reported transition practices for children transitioning into kindergarten and first grade. *Exceptional Children, 67*(1), 7–20.

Lasley, T., & Matczynski, T. (1997). *Strategies for teaching in a diverse society: Instructional models.* Belmont, CA: Wadsworth.

Levine, M. (2002). *A mind at a time.* New York: Simon & Schuster.

Martin, M., Mullis, I., Gregory, K., Hoyle, C., & Shen, C. (2000). *Effective schools in science and mathematics: IEA's third international math and science study.* Boston: International Study Center, Lynch School of Education, Boston College.

Marzano, R. (1992). *A different kind of classroom: Teaching with dimensions of learning.* Alexandria, VA: Association for Supervision and Curriculum Development.

Marzano, R., & Kendall, J. (1998). *Content knowledge.* Aurora, CO: Mid-continent Regional Educational Laboratory.

McTighe, J., & Seif, E. (2002). *Observable indicators of teaching or understanding.* Available online: http://www.ubdexchange.org.

McTighe, J., & Wiggins, G. (2004). *The Understanding by Design professional development workbook.* Alexandria, VA: Association for Supervision and Curriculum Development.

Miller, B. (1990). A review of the quantitative research on multigrade instruction. *Research in Rural Education, 7*, 3–12.

National Board for Professional Teaching Standards. (1989). *What teachers should know and be able to do.* Available online: http://www.nbpts.org/about/coreprops.cfm#introfcp (accessed December 28, 2004).

Newmann, F., Bryk, A., Nagaoka, J. (2001). *Authentic intellectual work and standardized tests: Conflict or coexistence.* Chicago: Consortium on Chicago School Research.

Nickerson, R. (1989). New directions in educational assessment (Interview on assessment issues with Lori Shepard). *Phi Delta Kappan, 70*(9), 680–697.

O'Connor, K. (2002). *How to grade for learning: Linking grades to standards.* Arlington Heights, IL: Skylight.

Reeves, D. (2002). *Making standards work.* Englewood, CA: Center for Performance Assessment.

Renninger, K. (1990). Children's play interests, representations, and activity. In R. Fivush & Hudson, J. (Eds.), *Knowing and remembering in young children* (Emory Cognition Series, Vol. 3, pp. 127–165). New York: Cambridge University Press.

Sarason, S. (1990). *The predictable failure of educational reform: Can we change course before it's too late?* San Francisco: Jossey-Bass.

Smith, J., Lee, V., & Newmann, F. (2001). *Instruction and achievement in Chicago elementary schools.* Chicago: Consortium on Chicago School Research.

Sternberg, R. (1985). *Beyond IQ: A triarchic theory of human intelligence.* New York: Cambridge University Press.

Sternberg, R. (1997). What does it mean to be smart? *Educational Leadership, 55*(7), 20–24.

Sternberg, R., Torff, B., & Grigorenko, E. (1998). Teaching triarchically improves student achievement. *Journal of Educational Psychology, 90,* 374–385.

Stigler, J. W., & Hiebert, J. (1999). *The teaching gap: Best ideas from the world's teachers for improving education in the classroom.* New York: Free Press.

Sullivan, M. (1993). *A meta-analysis of experimental research studies based on the Dunn and Dunn learning styles model and its relationship to academic achievement and performance.* Unpublished doctoral dissertation, St. John's University, Jamaica, NY.

Taba, H., & Elkins, D. (1966). *Teaching strategies for the culturally disadvantaged.* Chicago: Rand McNally.

Tannen, D. (1990). *You just don't understand: Women and men in conversation.* New York: Ballantine.

Tomlinson, C. (1999). *The differentiated classroom: Responding to the needs of all learners.* Alexandria, VA: Association for Supervision and Curriculum Development.

Tomlinson, C. (2001). *How to differentiate instruction in mixed-ability classrooms* (2nd ed.). Alexandria, VA: Association for Supervision and Curriculum Development.

Tomlinson, C. (2003). *Fulfilling the promise of the differentiated classroom: Strategies and tools for responsive teaching.* Alexandria, VA: Association for Supervision and Curriculum Development.

Tomlinson, C. (2005, November 18). Differentiated instruction as a way to achieve equity and excellence in today's schools. Presentation at Canadian Teachers' Federation Conference on Building Inclusive Schools, Ottawa, Ontario.

Tomlinson, C., & Allan, S. D. (2000). *Leadership for differentiating schools and classrooms.* Alexandria, VA: Association for Supervision and Curriculum Development.

Tomlinson, C., Brighton, C., Hertberg, H., Callahan, C., Moon, T., Brimijoin, K., Conover, L., & Reynolds, T. (2004). Differentiating instruction in response to student readiness, interest, and learning profile in academically diverse classrooms: A review of literature. *Journal for the Education of the Gifted, 27*, 119–145.

Tomlinson, C., Callahan, C., & Lelli, K. (1997). Challenging expectations: Case studies of high-potential, culturally diverse young children. *Gifted Child Quarterly, 41*(2), 5–17.

Tyler, R. (1949). *Basic principles of curriculum and instruction.* Chicago: University of Chicago Press.

Vygotsky, L. (1962). *Thought and language.* Cambridge, MA: The MIT Press.

Vygotsky, L. (1978). *Mind in society: The development of higher psychological processes.* Cambridge, MA: Harvard University Press.

White, K. (1999). Test company apologizes for N.Y.C. summer school mix-up. *Education Week, 19*(3), 8.

Wiggins, G. (1998). *Educative assessment: Designing assessments to inform and improve student performance.* San Francisco: Jossey-Bass.

Wiggins, G., & McTighe, J. (1998). *Understanding by Design.* Alexandria, VA: Association for Supervision and Curriculum Development.

Wiggins, G., & McTighe, J. (2005). *Understanding by Design* (2nd ed.). Alexandria, VA: Association for Supervision and Curriculum Development.

國家圖書館出版品預行編目（CIP）資料

整合運用差異化教學和重理解的課程設計／Carol Ann
Tomlinson, Jay McTighe 著；侯秋玲譯. -- 初版.
-- 新北市：心理出版社股份有限公司, 2022.01
面；　公分. --（課程教學系列；41339）
譯自：Integrating differentiated instruction &
understanding by design: connecting content and kids
ISBN 978-986-0744-56-9（平裝）

1.CST: 教學法　2.CST: 個別化教學　3.CST: 課程
規劃設計

521.4　　　　　　　　　　　　110021926

課程教學系列 41339

整合運用差異化教學和重理解的課程設計

作　　　者：Carol Ann Tomlinson、Jay McTighe

譯　　　者：侯秋玲

執 行 編 輯：林汝穎

總 編 輯：林敬堯

發 行 人：洪有義

出 版 者：心理出版社股份有限公司

地　　　址：231026 新北市新店區光明街 288 號 7 樓

電　　　話：(02) 29150566

傳　　　真：(02) 29152928

郵撥帳號：19293172　心理出版社股份有限公司

網　　　址：https://www.psy.com.tw

電子信箱：psychoco@ms15.hinet.net

排 版 者：菩薩蠻數位文化有限公司

印 刷 者：辰皓國際出版製作有限公司

初版一刷：2022 年 1 月

初版二刷：2023 年 11 月

I S B N：978-986-0744-56-9

定　　　價：新台幣 300 元